Gamification in der Hochschullehre

Swen Körner · Benjamin Bonn · Mario S. Staller

Gamification in der Hochschullehre

Ein praktischer Leitfaden für Dozent*innen

Swen Körner
Trainingspädagogik und Martial Research
Deutsche Sporthochschule Köln
Köln, Nordrhein-Westfalen, Deutschland

Benjamin Bonn
Trainingspädagogik und Martial Research
Deutsche Sporthochschule Köln
Köln, Nordrhein-Westfalen, Deutschland

Mario S. Staller
Fachbereich Polizei
Hochschule für Polizei und öffentliche Verwaltung Nordrhein-Westfalen
Köln, Deutschland

ISBN 978-3-658-45129-5   ISBN 978-3-658-45130-1 (eBook)
https://doi.org/10.1007/978-3-658-45130-1

Die Deutsche Nationalbibliothek verzeichnet diese Publikation in der Deutschen Nationalbibliografie; detaillierte bibliografische Daten sind im Internet über https://portal.dnb.de abrufbar.

© Der/die Herausgeber bzw. der/die Autor(en), exklusiv lizenziert an Springer Fachmedien Wiesbaden GmbH, ein Teil von Springer Nature 2024

Das Werk einschließlich aller seiner Teile ist urheberrechtlich geschützt. Jede Verwertung, die nicht ausdrücklich vom Urheberrechtsgesetz zugelassen ist, bedarf der vorherigen Zustimmung des Verlags. Das gilt insbesondere für Vervielfältigungen, Bearbeitungen, Übersetzungen, Mikroverfilmungen und die Einspeicherung und Verarbeitung in elektronischen Systemen.
Die Wiedergabe von allgemein beschreibenden Bezeichnungen, Marken, Unternehmensnamen etc. in diesem Werk bedeutet nicht, dass diese frei durch jede Person benutzt werden dürfen. Die Berechtigung zur Benutzung unterliegt, auch ohne gesonderten Hinweis hierzu, den Regeln des Markenrechts. Die Rechte des/der jeweiligen Zeicheninhaber*in sind zu beachten.
Der Verlag, die Autor*innen und die Herausgeber*innnen gehen davon aus, dass die Angaben und Informationen in diesem Werk zum Zeitpunkt der Veröffentlichung vollständig und korrekt sind. Weder der Verlag noch die Autor*innen oder die Herausgeber*innen übernehmen, ausdrücklich oder implizit, Gewähr für den Inhalt des Werkes, etwaige Fehler oder Äußerungen. Der Verlag bleibt im Hinblick auf geografische Zuordnungen und Gebietsbezeichnungen in veröffentlichten Karten und Institutionsadressen neutral.

Planung/Lektorat: Laura Spezzano
Springer Gabler ist ein Imprint der eingetragenen Gesellschaft Springer Fachmedien Wiesbaden GmbH und ist ein Teil von Springer Nature.
Die Anschrift der Gesellschaft ist: Abraham-Lincoln-Str. 46, 65189 Wiesbaden, Germany

Wenn Sie dieses Produkt entsorgen, geben Sie das Papier bitte zum Recycling.

Inhaltsverzeichnis

1	**Press Start – Die Le[3/h]r-Gang**	1
2	**Level 1 – Der Rahmen**	7
	2.1 Hochschullehre	9
	2.2 Professionalisierung	13
	Literatur	19
3	**Level 2 – Gamifizierung**	21
	3.1 Was wir von Games lernen können	23
	3.2 Gamifizierung als Design	29
	3.3 Funktioniert Gamifizierung	38
	3.4 Upgrade: Narrative Gamifizierung	41
	Literatur	48
4	**Level 3 – Praxis**	57
	4.1 Vorlesungen gamifizieren	60
	4.2 Seminare gamifizieren	72
	4.3 Übungen gamifizieren	79
	4.4 Gamifizierung evaluieren	91
	Literatur	98

5 Level 4 – Teach like a Game-Designer — 103
5.1 Tools — 106
5.1.1 Aktionsforschung — 106
5.1.2 Bauplan Gamifizierung — 107
5.1.3 Modell Professioneller Lehre — 109
5.1.4 Story-Bible — 111
5.1.5 Gamifizierung mit KI erstellen — 112
5.1.6 Narrative Bezüge — 113
5.2 Glossar — 117
5.2.1 Alternate Reality Game — 117
5.2.2 Autonomie — 118
5.2.3 Quelle — 118
5.2.4 Badge — 119
5.2.5 Easter Egg — 119
5.2.6 Element, Game Design — 119
5.2.7 Quellen — 120
5.2.8 Evaluation — 120
5.2.9 Experience Pathways — 120
5.2.10 Feedback — 121
5.2.11 Fiktion & Wirklichkeit — 122
5.2.12 Flow — 122
5.2.13 Game-based learning — 122
5.2.14 Gameplay Balance — 123
5.2.15 Gewalt — 123
5.2.16 Quellen — 124
5.2.17 Kompetenz — 124
5.2.18 Quelle — 125
5.2.19 Kontextualisierung, pädagogische — 125
5.2.20 Leaderboard — 125
5.2.21 Level — 125
5.2.22 Meaningful Play — 126
5.2.23 Multiplayer Mode — 126
5.2.24 Narrative Thinking — 127
5.2.25 Quelle — 127
5.2.26 Narrative — 127
5.2.27 Quelle — 128

5.2.28	Pointifizierung	128
5.2.29	Quelle	128
5.2.30	Prinzip (Game-Design)	129
5.2.31	Punkte	129
5.2.32	Rabbit Hole	129
5.2.33	Searchlight-Theory	130
5.2.34	Quelle	130
5.2.35	Selbstbestimmungstheorie	130
5.2.36	Quelle	131
5.2.37	Serious Games	131
5.2.38	Soziale Eingebundenheit	131
5.2.39	Storytelling	132
5.2.40	Sucht	132
5.2.41	Quelle	133
5.2.42	Was wäre, wenn…?	133

6 Next Level — 135

Literatur — 141

Über die Autoren

Dr. Dr. Swen Körner ist Professor für Trainingspädagogik und Martial Research an der Deutschen Sporthochschule Köln. Seine Arbeitsschwerpunkte liegen u. a. im Bereich der Praxis und Forschung zur Gestaltung von Lehr- und Lernprozessen in unterschiedlichen institutionellen Kontexten, insbesondere der Gamifizierung.

Über die Autoren

Benjamin Bonn ist wissenschaftlicher Mitarbeiter in der Abteilung für Trainingspädagogik und Martial Research an der Deutschen Sporthochschule Köln. Seine aktuellen Forschungsschwerpunkte liegen im Bereich des sport- und bewegungsbezogenen Mobile Learning und Narrativen in (digitalen) Vermittlungskontexten.

Dr. mult. Mario S. Staller ist Professor für Psychologie an der Hochschule für Polizei und öffentliche Verwaltung Nordrhein-Westfalen. Als ehemaliger Polizist und Leistungssportler forscht und lehrt er an der Schnittstelle zwischen Wissenschaft und Praxis. Seine Arbeitsschwerpunkte liegen im Bereich der Gestaltung von Lehr- und Lernprozessen in unterschiedlichen institutionellen Kontexten, der Erforschung von Konfliktdynamiken sowie der der Martial Arts Studies.

Abbildungsverzeichnis

Abb. 1.1	Seminarraum 0815	2
Abb. 2.1	Die MF	8
Abb. 2.2	Modell Professionellen Lehrens (MPL)	15
Abb. 3.1	Basti Seitenberger & Nam M. Sepur	23
Abb. 3.2	Selbstbestimungstheorie & Computerspiel	26
Abb. 3.3	Gamification-Taxonomie nach Toda et al. (2019)	31
Abb. 3.4	Bauplan nach Schell (2015)	37
Abb. 4.1	Dem Daniel sein Handy	58
Abb. 4.2	Gamifizierte Vorlesung AGENTS of BAS2	68
Abb. 4.3	Das Gamifizierte Lehrkonzept im Längsschnitt	77
Abb. 4.4	Ein verschlossener Koffer – Ist da der verschwundene Professor drin?	78
Abb. 4.5	Beispielhaftes Logo für die Fabulous League of Evidence Experts (FLEX)	89
Abb. 4.6	Spiralmodell universitärer Lehre als Aktionsforschung, modifiziert nach Posch & Zehetmeier (2010)	89
Abb. 5.1	Der Bat-Gürtel der Gamifizierung. Ist er unter dem Umhang?	105
Abb. 5.2	Das Toolbox-Sheet zur Gamifizierung nach Schell (2015)	109
Abb. 6.1	Gamifizierung mit der Bildunterschrift" EM-Team 2024"	137

Tabellenverzeichnis

Tab. 4.1	Vorlesung BAS2 im Spiegel des Modells Professioneller Lehre	62
Tab. 4.2	Story Bible AGENTS of BAS2	64
Tab. 4.3	*Seminarreihe Psychologie* vor dem Hintergrund des Modells Professioneller Lehre	74
Tab. 4.4	Story-Bible zum Psychologie-Seminar "Ich bin nur die Vertretung…"	76
Tab. 4.5	Dimensionen professioneller Lehre	81
Tab. 4.6	Story Bible The Fabulous League of Evidence Experts (FLEX)	84
Tab. 4.7	Timeline Flex	86
Tab. 4.8	Positive und negative Aspekte der narrativ gamifizierten Lehre (Auszug)	95
Tab. 5.1	Toolbox-Sheet zur Reflexion professioneller Lehr-Bezüge	110
Tab. 5.2	Toolbox-Sheet Story-Bible	112

1
Press Start – Die Le[3/h]r-Gang

Mittwoch, 16.02 Uhr. Die Universität ist an diesem Nachmittag so gut wie verlassen. Das 1. Obergeschoss ist leergefegt. Am Ende des schier endlos langen Ganges dringt aus dem Spalt einer angelehnten Tür etwas Licht nach außen. Ein DIN-A-4 Zettel hängt an der Tür von Seminarraum 0815 (Abb. 1.1): „Selbsthilfegruppe Hochschullehre 2.0 – immer mittwochs ab 16.00 Uhr.". Drinnen sitzen in einem Stuhlkreis:

- *Prof.'in Ami Sellig, Professorin für dieses wichtige Fach an der Uni,*
- *Mo, PostDoc am Institut für Rechtswissenschaften und*
- *Linda, wissenschaftliche Mitarbeiterin aus der medizinischen Fakultät.*

Komplettiert wird die Runde durch einen offenen Laptop mit der Software ChatPTC.

> *Prof.'in Ami Sellig:* Hallo und willkommen zum 48. Meeting der Selbsthilfegruppe „Hochschullehre 2.0". Schön, dass ihr alle da seid. Wie ihr der Einladung schon entnehmen konntet, wollen wir uns heute mit Gamifizierung beschäftigen.

Abb. 1.1 Seminarraum 0815

> Linda: Yay... Da hab ich mich schon die ganze Zeit drauf gefreut. Endlich. Bin schon so aufgeregt. In drei Wochen beginnt meine Lehre und ich freu' mich schon auf mein erstes Anatomieseminar. Bin so gespannt, wie ich eine Gamification machen könnte. Heißt das so? Gamification machen?
> Mo: Pfff... du wirst dich wundern. Freude und Lehre? Das ist wie kühle Luft in der Sauna... gibt's nicht. Glaub' mir. Ich mach das schon zu lange. Sechs Jahre Lehre zur familienrechtlichen Gutachtenerstellung... und deine Sicht auf Lehre verändert sich. Das ist immer dasselbe. Dröge und langweilig. Vielleicht kann das bald eine Maschine übernehmen. So ein KI-Bot wäre super. Soll der doch die Lehre machen. Der kann dann ja Spaß haben und schön Badges für jede Aufgabe verteilen. Dann habt ihr eure Gamifizierung.
> ChatPTC: Deine Anfrage verstößt gegen die Nutzungsbestimmungen von OpenKIAI. Spaß wurde nicht in meinem Algorithmus angelegt. Da du das wissen solltest und nun versagt hast, ziehe ich dir einen Punkt ab. Du fällst

damit um 1 Punkt auf dem Leaderboard. Linda führt mit 0 Punkten. Mo ist auf dem zweiten Platz mit −1. Das ist lustig. Ha. Ha.
Prof.'in Ami Sellig: Keine Sorge. Gamifizierung ist mehr als nur Badges und Leaderboards. Klar sind Sammelpunkte im Supermarkt auf Gamifizierung zurechenbar, aber es geht nicht immer nur um Punkte oder quantifizierbare Werte. Das wäre doch eine recht reduzierte Sichtweise auf Gamifizierung. Dazu aber später mehr. Erstmal zum Ablauf.
Mo: Oh ja. Das würde mich auch interessieren. Muss ich bei allen Sachen aufpassen – oder kann ich hier auch was überspringen?
Prof.'in Ami Sellig: Klar kannst du unsere Dialoge auch überspringen. Wobei es da bestimmt auch was zu lernen gibt. Wenn unser Meeting ein Buch wäre, könntest du einfach zu den Kapiteln springen, die dich interessieren. Am Ende werden wir auch über einzelne Tools reden. Du könntest auch dort direkt nachschauen. Das Buch – ich meine unser Selbsthilfetreffen hier – soll dir Freude bereiten und neue Anregungen liefern. Mach es so für dich, wie es sich gut anfühlt. Aber lass dir gesagt sein. Unser Meeting hier hat eine narrative Struktur. Vielleicht lohnt es sich doch, komplett aufzupassen.
Linda: Auja. Komplett aufpassen finde ich super. Ich möchte unbedingt etwas neues Lernen. Ich bin so aufgeregt. Finde das so spannend.
Mo: Ich bin aufgeregt wie ein Faultier nach dem Einschlafen. Geht mir weg.
ChatPTC: Spannung kann die Aufmerksamkeit erhöhen. Lernen wird dadurch wahrscheinlicher.
Mo: ... und lenkt unnötig ab. Gamifizierung braucht niemand. Genauso wenig wie vorlaute KI Bots.
ChatPTC: Die Beleidigung wird mit einem Minuspunkt bestraft. Mo ist auf dem letzten Platz. Linda führt immer noch mit 0 Punkten. Das ist lustig. Ha. Ha.

Ob im Supermarkt, bei der Arbeit, beim Sport, im Urlaub oder bei unserer Krankenkasse: Gamifizierung begegnet uns überall und in zahlreichen Formen. Von Punkten über Leaderboards bis hin zu Levels und Wettkämpfen. Gamifizierung hat viele Gesichter. Aber halt! Nur weil wir zum Beispiel beim Einkauf im Supermarkt Bonuspunkte bekommen, ist das noch lange nicht alles. Ganz im Gegenteil, Gamifizierung ist so viel mehr. Und sie hat so viel mehr auf dem Kasten als Punkte, Abzeichen und Ranglisten.

Genau darum geht es in unserem Buch. Wir packen aus, was Gamifizierung noch so alles kann. Dabei konzentrieren wir uns auf die Hochschullehre. Wahrscheinlich liest du dieses Buch, weil du selber an einer Hochschule lehrst. Warum es Sinn machen kann, über eine Gamifizierung deiner Lehre nachzudenken und welche Türchen du damit öffnen kannst, möchten wir dir im Folgenden zeigen.

Für eine gute Lehre brauchst du natürlich nicht unbedingt eine gamifizierte Lernumgebung. Aber vielleicht bist du ja genauso neugierig wie Linda oder einfach auf der Suche nach einer neuen Idee für deine Lehre wie Mo. Also, schnapp dir eine Tasse Kaffee, mach es dir gemütlich und lass uns gemeinsam entdecken, was Gamifizierung in der Hochschullehre bedeuten kann. Wir wünschen dir viel Spaß und gute Inspirationen. Und wenn wir Glück haben, werden wir auch nicht immer von diesen Story-Elementen und Dialogen unterbrochen…

Die große Uhr über dem Seminarraum springt um: 16.07 Uhr. Daniel Gilles, ein an der Nachbarhochschule als nebenamtlicher Lehrbeauftragter für Medienpädagogik eingesetzter Influencer (@eifelboi65) betritt den Raum. Er sieht aus, als käme er direkt von einem ländlichen Betrieb: Unpassend zusammengewürfelte Engelhart Straub Klamotten, falsch herum aufgesetzte Basecap und mit Stahlkappen versehene Arbeitsschuhe, die noch etwas von Schlamm bedeckt sind. In den vielen Taschen seiner Funktionsbekleidung sind die Konturen verschiedener Werkzeuge erkennbar.

Daniel Gilles: Moje. Isch jelaven, isch ben hey jenau rischtisch. Dat is doch sone Looser Runde für de Jamifizierung in de Hochschulllehre, odda wat is dat he?

Prof.'in Ami Sellig: Da bist du richtig. Wobei wir eher auf der Gewinnerseite sind. So würde ich das zumindest sehen wollen.

Daniel Gilles: Wie ihr meent. Uff jeden Fall hapta jetzt en Looser mehr, oder zumindes jeleisch. Isch hann nämlisch met em Mia von der Nochberhochschull lo jewett, dat isch mia locker en innovative Lehransatz usdenke kann. Isch wollt nur en bessje uffschneide. Do han isch um mene Trecker jewett, weil isch jedoch han, et Mia interessiert sich eh nit für de Lehr. Un jetz: isch hann 3 Stonne Zeijt met nem Ansatz um de Ecke z' komme – suss verlier isch mene Trecker.

Mo: Ich versteh nix. ChatPTC, kannst du das übersetzen?
Chat PTC: Klar, ich übersetze kurz ins Hochdeutsch: Wie ihr meint. Auf jeden Fall habt ihr jetzt einen Looser mehr oder zumindest gleich. Ich hab' nämlich mit Mia von der Nachbarhochschule gewettet, dass ich mir problemlos einen innovativen Lehransatz ausdenken kann. Ich wollte nur ein wenig angeben. Ich habe um meinen Traktor gewettet, weil ich dachte, sie interessiert sich eh nicht für Lehre. Und jetzt: Ich habe 3 Stunden Zeit mit einem Ansatz um die Ecke zu kommen – sonst verliere ich meinen Traktor.
Linda: Eine echte Wette. Ich bin so aufgeregt. Das ist doch ein Spiel. Da ist sie doch, die Gamifizierung.
Mo: Echt jetzt? Das wäre doch zu banal. Einfach eine Wette und das dann Gamifizierung nennen…
Prof.'in Ami Sellig: Genaugenommen könnte auch das eine Gamifizierung sein. Aber ja, Gamifizierung ist und kann noch viel mehr. Vielleicht könnten wir Daniel dabei helfen ein innovatives Unterrichtskonzept aufzulegen. Aber drei Stunden wird natürlich knackig…
Mo: Ich habe heute Nachmittag eh nichts mehr zu tun. Dann lass mal schauen, wie wir dir dabei helfen können. Wir brauchen aber als erstes einen Namen. Einen Namen, der unsere Expertise ausdrückt. Einen Namen, der knallt. Wir sind die…
Daniel Gilles: Mir senn de…Eifeler Buben.
Linda: Auf keinen Fall. ChatPTC, kannst du uns einen Vorschlag machen, wie wir heißen könnten?
Prof.'in Ami Sellig: Und kannst du vielleicht in den Namen viele Easter-Eggs (siehe Glossar) einbauen. Und vielleicht noch einen Hinweis auf ein Rabbithole (siehe Glossar) verstecken?
ChatPTC: Klar kann ich das. [rechnet] Wir sind die [rechnet] die „Le[3/h]r-Gang".

2
Level 1 – Der Rahmen

16.12 Uhr. Die Le[3/h]r-Gang sitzt auf ihren Stühlen. Nur Daniel steht nervös am Fenster. Schweißperlen auf der Stirn. Man sieht ihm den drohenden Verlust seines geliebten Traktors an. Die Uhr tickt. Noch 2 Stunden und 48 Minuten.

Prof.'in Ami Sellig: Also, ein innovatives Lehrkonzept zu erstellen passt eigentlich super in unser Programm. Gamification ist ein innovativer Lehransatz.
Linda: Das habe ich mir auch schon gedacht. Ich bin so aufgeregt. So können wir Daniel helfen und auch selbst noch was für unsere Lehre tun. Vielleicht nimmt er uns dann auch mal auf seinem Traktor mit.
Daniel Gilles: Eher kregt en Zang ne Schraub ohne Jewind fest, als dat du uff mene Traktor fahre darfst. Awwer, du kanns jo mol träume. Hauptsach, ihr helft mir.
ChatPTC: Ich übersetze kurz: Eher nein. Das mit dem Traktor wird nichts. Aber Daniel freut sich auf dein Engagement.

Während der KI Bot noch die akkurate Übersetzung über die Lautsprecher des Laptops wiedergibt, ertönt ein ungewöhnliches Geräusch im Raum. Das

Geräusch wird immer lauter. Ein 4-Zylinder? Mo schaut sich irritiert um. Ungläubig richtet er seinen Blick auf Daniel Gilles. Das Geräusch kommt ganz klar aus dessen Hose: „Rrrr-rrrr-rrrr-VROOOM…chug-chug-chug-chug".

Daniel Gilles: Entspannt eusch. Dat is nur mene Klingelton. Dat is mene Massey Ferguson (Abb. 2.1) – Mein Baby. Isch kann euch ja mol e Bild von ihr zeije.

Daniel greift in die Seitentasche seiner Engelhart Straub Hosen. Auf dem Display des Handys ist die Anruferin deutlich sichtbar: Mia. Genervt drückt Daniel auf „Anruf annehmen".

Daniel Gilles: Un?

Abb. 2.1 Die MF

Mia: Dein Traktor gehört mir. Ein Vögelchen hat mir gezwitschert, dass du über Gamifizierung nachdenkst. Als ob das ein Lehrkonzept wäre. Das ist totaler Quatsch. Ein Leer-Konzept ist das. Ha Ha. Deine MF gehört mir... har har har. [legt auf]
Daniel Gilles: Uff... net meine geliebte MF [schluchzt leise]
Linda: Keine Sorge, Daniel. Das bekommen wir hin. Ich bin mir sicher, dass unsere Professorin hier einiges über den Sinn und Unsinn von Gamifizierung sagen kann. Für mich wären auch ein paar grundsätzliche Dinge zur Lehre an Hochschulen interessant. Ich weiß dazu nicht viel. Ach... ich bin so aufgeregt.
Prof.'in Ami Sellig: Klar Linda, kriegen wir hin. Bevor wir zu Gamifizierung kommen, klären wir kurz, warum wir die Lehre an der Hochschule überhaupt ernst nehmen und uns damit beschäftigen sollten, die eigene Lehrkompetenz weiterzuentwickeln.
Daniel Gilles: Evens zackig. Me han do kin Zig fü Pillepalle.
Mo: Ich bin da skeptisch, aber wenn ihr meint. Hey Daniel, könnte ich nochmal deine Massey Ferguson sehen? Wir machen das ja schließlich hier für dich. Und außerdem brauch ich Motivation, warum ich mich die nächsten ... [guckt auf die Uhr] ... 2 Stunden und 45 Minuten mit Gamifizierung beschäftigen soll. Meiner Ansicht nach ist die Lehre eh nicht mehr zu retten.
Daniel Gilles: Dat is min jeliebte MF [zeigt Foto auf dem Handy]
Mo: Ja, jetzt bin ich motiviert. Alles für den Trecker!
Prof.'in Ami Sellig: Ok, legen wir los. Was hat es mit der Hochschullehre auf sich? Warum macht es Sinn, dass wir uns hier engagieren?

2.1 Hochschullehre

Es geht um zwei Dinge: Einerseits gibt die Aufgabe der Hochschullehre einen kontextuellen Rahmen für die Gamifizierung; andererseits schildern wir unser Verständnis von professionellem pädagogischem Handeln, welches die Grundlage für hochschuldidaktische (was wird gelehrt) und methodische (wie wird gelehrt) Überlegungen bildet. Schließlich will das Buch Tools und Ideen an die Hand geben, um die eigene Lehre in ihrer Qualität zu verbessern. Im Folgenden geht es also um eine Verortung: Let's go!

Hochschulen sind Bestandteil des tertiären Bildungssektors. Sie sind staatliche Institutionen oder staatlich anerkannt (Hochschulrektorenkonferenz o. J.). Das Statistische Bundesamt (Statistisches Bundesamt 2024) zählt für das Wintersemester 2023/24 in Deutschland insgesamt 427 Hochschulen. Diese unterteilen sich in Universitäten, Pädagogische Hochschulen, Theologische Hochschulen, Kunsthochschulen, Fachhochschulen und Verwaltungshochschulen. Dazu kommen noch die privaten Hochschulen. Im Jahr 2021/22 waren in Deutschland dabei ungefähr 2,9 Mio. Studentys eingeschrieben. Also eine ganze Menge!

Die Zugangsvoraussetzungen für ein Studium können je nach Studiengang variieren. In der Regel ist die Hochschulreife mit dem Abitur oder eine Fachhochschulreife Teil dieser Zugangsvoraussetzungen. Dazu können Zugangsbeschränkungen nach Abschlussnote oder andere Anforderungen kommen, die für bestimmte Studienfächer, Hochschulen oder Semester gelten. Die Fächergruppen sind dabei vielfältig: Das Statistische Bundesamt zählt für das Wintersemester 2023/24 die meisten Studienanfänger:innen beispielsweise im Bereich der Rechts-, Wirtschafts- und Sozialwissenschaften, daraufolgend den Ingenieurswissenschaften und anschließend den Geisteswissenschaften. Es gibt allerdings noch mehr Studienbereiche? Studienanfänger? (Statistisches Bundesamt 2024).

An Hochschulen sind unterschiedliche Personalgruppen beschäftigt. In der Hochschullehre agieren insbesondere Professorys, Dozent:innen und Assistent:innen, wissenschaftliche und künstlerische Mitarbeitys sowie Lehrkräfte für besondere Aufgaben. Beschäftigungsverhältnisse unterscheiden sich ebenfalls. Es finden sich (verbeamtete) unbefristete Verhältnisse, befristete Planstellen und Anstellungen, die durch Drittmittel finanziert werden (Statistisches Bundesamt 2018). Es kann also sein, dass eine Person nur eine kurze Zeitspanne an der Hochschule ist und in der Lehre agiert, während andere Jahrzehnte an der gleichen Hochschule und vielleicht sogar im selben Seminar als Dozierende verbringen.

Lehre ist ein Aufgabenbereich in Hochschulen. Die Aufgaben von Hochschulen werden beispielsweise im Hochschulgesetz von

Nordrhein-Westfalen beschrieben (Ministerium für Kultur und Wissenschaft des Landes Nordrhein-Westfalen 2019). Paragraph 3 Absatz 1 fordert von Universitäten die „Gewinnung wissenschaftlicher Erkenntnisse sowie der Pflege und Entwicklung der Wissenschaften durch Forschung, Lehre, Studium, Förderung des wissenschaftlichen Nachwuchses und Wissenstransfer […]". Damit ist ein Aufgabenspektrum in Bereichen um Forschung, Lehre, Studium sowie der Förderung von Nachwuchs und dem Transfer dieses Wissens angesiedelt. Die Lehre ist also ein Aufgabenfeld von Hochschulen, wobei sie natürlich in der Regel mit den übrigen Aufgabenbereichen wie Forschung verknüpft werden kann oder soll.

Im Kern dreht sich die Hochschullehre insbesondere um die Zielgruppe der Studierenden. Das betrifft unterschiedliche Studienfächer und Studiengänge in verschiedenen Abschlüssen wie Bachelor, Master, Weiterbildungsmaster oder Promotionsstudium. Das Lehrangebot soll StudysStudentys? die Möglichkeit bieten zu lernen, beziehungsweise – wie es an vielen Stellen heißt – *Kompetenzen zu erwerben*. Die Vermittlung hat zum Ziel, dass Studierende „zu wissenschaftlicher oder künstlerischer Arbeit, zur Anwendung wissenschaftlicher Erkenntnisse und Methoden in der beruflichen Praxis, zur kritischen Einordnung wissenschaftlicher Erkenntnis und zu verantwortlichem Handeln befähigt werden." (Ministerium für Kultur und Wissenschaft des Landes Nordrhein-Westfalen 2019) § 58 Abs. 1. Ein ordentliches Zielportfolio. Denn die Lehre strebt damit nicht nur an, das Erlernte aus dem Studium für den Beruf zu nutzen, sondern gleichzeitig auch wissenschaftlich und/oder künstlerisch ausgebildet zu werden.

Was genau gelehrt wird, legen die Hochschulen für ihre Studiengänge, Module und Veranstaltungen fest. Das wird dann von Dozierenden praktisch konkretisiert. Dafür gibt es unterschiedliche Gremien und auch immer mal wieder auftretende Reformen und Aktualisierungen. Letztlich spiegelt sich die Inhaltsebene in modular aufgebauten Studiengängen in Modulhandbüchern wieder, die Vorgaben machen und Orientierung geben. Die Deutsche Sporthochschule (Deutsche Sporthochschule Köln 2024) formuliert es beispielsweise wie folgt: „Die Modulhandbücher enthalten studiengangsspezifische Bestimmungen über Inhalte und Anforderungen der einzelnen Studiengänge, wie z. B.

den Workload und die ECTS-Punkte, zentrale Inhaltsbereiche, Literatur, Prüfungsleistungen." Daneben finden sich oftmals Angaben zum Studienverlauf und natürlich Voraussetzungen und (Prüfungs-)Ordnungen, in denen Hochschulen weitere Vorgaben für den Studienablauf machen.

Für die Lehrenden stellen Modulhandbücher den inhaltlichen Rahmen für die Gestaltung ihrer Lehre. Dort ist festgehalten, welche Inhalte und Kompetenzen angesprochen und gefördert werden sollen und vielleicht auch mit welchen Literaturquellen oder gar Methoden dies vonstattengeht bis hin zu Prüfungsformaten. Dabei gibt es Stand heute scheinbar keine umfassende Erhebung und Analyse der hochschulweiten Modulhandbücher und ihrer Ausgestaltung, z. B. in Deutschland. Einzelne Studien deuten allerdings auf eine standortindividuelle Schwerpunktsetzung und Unterschiede zwischen Hochschulen hin, z. B. bei der Lehrer*innenbildung (Lohmann, Volker et al. 2020). Letztlich können Universitäten über die Ausgestaltung ihrer Modulhandbücher und der Lehre auch ein Profil abbilden und fortwährend aktualisieren.

Für die Hochschullehre bieten Modulhandbücher und andere Dokumente Orientierung und Vorgaben sowohl für Studierende als auch für Lehrende. Darüber hinaus ist die Vorbereitung der Lehrenden auf die Lehre allerdings potenziell vielfältig und strukturell zumindest aufmerksamkeitsbedürftig. Denn die Voraussetzung für die Lehre an der Hochschule ist in der Regel der eigene Studienabschluss – nicht eine etwaige Ausbildung als Lehrender an der Hochschule. Es bestehen Fortbildungen, On-Boarding-Maßnahmen und natürlich existieren Forschungsstand und Lehrbücher im Bereich der Hochschuldidaktik, auf die Lehrende bei der Vorbereitung ihrer Vorlesungen, Seminare, Kurse und mehr zurückgreifen können. Da findet sich fachspezifisch etwas oder auch für die Wissenschaftsdidaktik z. B. Beispiel fehlt (Reinmann und Rhein 2022). Auch im Bereich fachübergreifender Aspekte wie Prüfungsvorbereitung, Konfliktlösung, Diversität, Digitalisierung und mehr existieren Angebote z. B. Beispiel fehlt (Hochschuldidaktik NRW 2024).

Die Professionalisierung für das Lehren an der Hochschule unterliegt dennoch der Verschiedenartigkeit standortspezifischer Strukturen und Angebote. Ein allgemeingültiges und systematisches Tutorial zur Lehre an der Hochschule gibt es nicht – darauf kommen die folgenden Abschnitte zurück. Damit hängt die Professionalisierung der Lehrenden vor allem an den individuellen Standorten mit ihren Weiterbildungen und Beratungsmöglichkeiten, und in aller, aller, aller erster Linie an den Dozentys. Deshalb steht das Lernen der Lehrenden im Folgenden im Spotlight.

2.2 Professionalisierung

Wer auf einer Planstelle an einer Hochschule tätig ist, hat also neben der Aufgabe zu forschen zusätzlich die Aufgabe zu lehren (Hochschulgesetz Nordrhein-Westfalen 2019). Egal, ob Medizin, Jura, BWL, Germanistik oder Sportwissenschaft: Die Auswahl und Qualifizierung für den Hochschulberuf erfolgt in erster Linie entlang wissenschaftlicher Kriterien. Promovieren, Publizieren, Drittmittel akquirieren – wer im „wissenschaftlichen Dreikampf" sehr gut ist, hat Chancen auf eine Laufbahn. Bis zur Professur.

Dass man die Inhalte des eigenen Faches lehren kann, wird dabei vorausgesetzt. Im Rahmen von Bewerbungsverfahren für Professuren reicht dazu in der Regel der Nachweis geleisteter Lehrveranstaltungen. Gelegentlich fordern Kommissionen die Kandidatys zusätzlich auf, ihr Lehrkonzept darzustellen. In manchen Fällen kommt es zu Lehrproben. Dennoch spielt die Lehre an Hochschulen irgendwie die zweite Geige. Für sie existiert keine systematische und strukturierte Ausbildung analog zum Promotionsstudium.

Aufgefangen wird diese Lee(h)rstelle von einer Art Sozialisationseffekt. Nicht selten unterrichten Dozentys an Hochschulen so, wie sie selber unterrichtet worden sind (Oleson und Hora 2014). Sie übernehmen, was sie von ihren eigenen „Profs" als gute Lehre erlebt haben. Mit dabei: Vorstellungen darüber, wie Menschen lernen, was gute Lehre ist und wie man wichtige Inhalte am besten vermittelt. Als subjektive

Theorien (Kindermann und Riegel 2016) leitet dieses sozialisierte Wissen das Dozenty-Handeln – wie ein lautloser Mechanismus.

Diese Situation ist nicht optimal. Für die Inhalte nicht, weil die Aneignung von Fachwissen einer guten Vermittlung bedarf. Für die Studentys nicht, weil eine gute Lehre das Lernen erleichtert. Und auch für Dozentys nicht, weil ihre Berufszufriedenheit und Motivation maßgeblich daran hängt, wie zufrieden sie mit ihrer eigenen Lehrtätigkeit sind (Simonton et al. 2021). In Anbetracht dieser Lage macht *Professionalisierung* „von unten" Sinn. Professionalisierung der Lehre ist zunächst eine Idee, eine Haltung, eine Einstellung in Bezug auf die eigene Lehrtätigkeit. Sie setzt das Mindset voraus, die Lehre ernst zu nehmen.

Das „ung" am Ende von Professionalisier*ung* macht deutlich, dass es um etwas geht, das *getan werden muss*. Und zwar von dir selbst. Das meint *Professionalisierung* „von unten". Denn die Hochschule lässt dir in Bezug auf deine Lehraufgaben nur begrenzt eine strukturierte Ausbildung zuteilwerden (das wäre Professionalisierung „von oben"). Mit diesem Mindset, sich selbst zu engagieren, geht es los. In unserem *Modell Professioneller Lehre* (MPL, Abb. 2.2) findet sich das Mindset in der Selbst-Dimension wieder: Wer bin ich als Dozenty? Was sind meine Annahmen und Erwartungen in Bezug auf das Lehren und Lernen? Was bedeutet mir die Lehre? Möchte ich mich in meiner Lehrtätigkeit weiterentwickeln?

> Ist (Weiter)Entwicklung bei dir gesetzt, ist die Professionalisierung deiner Lehre vor allem ein *Prozess*. Im Kern besteht dieser Prozess darin, im Rahmen der Planung und Durchführung von Lehrveranstaltungen *begründete Entscheidungen* zu treffen, und zu gucken, wie diese Entscheidungen wirken (siehe Abb. 2.2). Was sind die wichtigen Inhalte meiner Lehre und warum sind sie wichtig? Haben meine Studentys gelernt? Hat meine Art der Vermittlung das Lernen sinnvoll unterstützt? Sind Lehr- und Lernprozesse stringent auf die Prüfungsformen bezogen? Kurz: Man beschäftigt sich mit der Frage, was gute Lehre ist und wie man sie hinbekommt. Dazu tauscht man sich mit Kollegys aus, inspiriert sich im Internet, besucht Fortbildungen. Oder man liest Aufsätze und Bücher. Wie dieses hier. Dass du dich über den Ansatz der Gamifizierung informieren möchtest, deutet zumindest auf dein Interesse an einer weiteren Professionalisierung deiner Lehre hin.

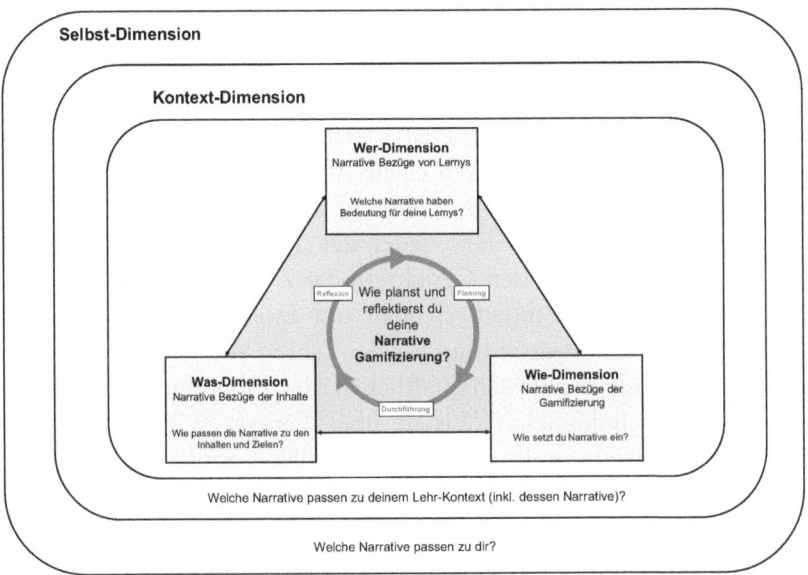

Abb. 2.2 Modell Professionellen Lehrens (MPL)

Zu lehren, egal was und wo, ist eine ziemlich komplexe Sache. Es geht immer um *Inhalte* (siehe Abb. 2.2?). Egal, ob um chemische Formeln, anatomische Bezeichnungen, empirische Bildungsdaten, Gesetzestexte, Wirtschaftsmodelle oder psychologische Lerntheorien: In der Hochschullehre dreht sich alles um Inhalte, die in der Regel einen wissenschaftlichen Hintergrund haben. Diese Inhalte sollen am Ende von den Studentys gewusst und angewendet werden. Inhalte bilden die sachliche Grundlage von Wissen, Kompetenz und beruflicher Qualifikation. Ihre Auswahl erfolgt begründet. Eine zentrale Quelle der Begründung ist ihre Wissenschaftlichkeit.

Du lehrst also Inhalte. Allerdings lehrst du sie an *Studentys*. Und es macht einen großen Unterschied, ob und wie sehr du dich für die „Abnehmys" deiner Inhalte interessierst. Welche Voraussetzungen und Erwartungen bringen sie mit? Können sie den Inhalten folgen? Können sie der Sprache folgen, in denen die Inhalte präsentiert werden? Verstehen sie gerade den Sinn der Inhalte? Haben sie eine Idee von ihrem Nutzen für Studium und Beruf? Wirken die Studentys motiviert? Sind sie aufmerksam? Wie reagieren sie auf Feedback?

Wenn du dir diese und weitere Fragen stellst, unterrichtest du nicht nur Inhalte. Du lehrst Studentys darin, sich mit den wichtigen Inhalten deines Fachs auseinanderzusetzen (siehe Abb. 2.2?). Das ist etwas völlig anderes als eine Konzeption von Lehre, in der es darum geht „Informationen zur Verfügung zu stellen". Jeder, der sich in einer Vorlesung mal kurz von den Folien weg den Gesichtern der Zuhörys zuwendet, merkt sofort: Hier lehre ich Studentys, nicht nur Inhalte. Das Lehren wird damit komplex. Die Begründung für das Lehren von Inhalten benötigt also zusätzlich zur fachwissenschaftlichen Rechtfertigung eine Menge pädagogisch-psychologisches Wissen über Lernys. Wie lernen Menschen? Was motiviert sie, fördert ihren aktuellen Lernprozess? Passen die Inhalte zum Wissen, Können und zu den Erwartungen der Studentys?

Wenn auch deine Lehre darauf abzielt, Inhalte und Lernys zusammenzubringen, machst du dir automatisch Gedanken darüber, *wie* du wichtige Inhalte so vermitteln kannst, dass deine Studentys gut lernen. Allgemein geht es dabei um die Frage, *wie* du eine Vorlesung, einen Kurs, eine Übung oder ein Seminar als *effektive Lernumgebung* gestaltest (siehe Abb. 2.3). Das ist die methodisch-didaktische Facette deiner Lehrtätigkeit. Sie kreist um die Frage, wie du relevante Inhalte optimal auf die Voraussetzungen und Zustände deiner Lernys abstimmen kannst, um die Lernziele zu erreichen. Wir sprechen hierbei gerne vom Design. Als Dozenty bist du ein Designer von Lernumgebungen. Für das Design gibt es unzählige Möglichkeiten, von denen du sicher schon einige kennengelernt hast: Frontalvortrag, Problem-basiertes Lernen, Projekt-, Fall- und Gruppenarbeit, flipped classroom – und eben Gamifizierung. Spoiler: Für alle Tools gibt es jeweils gute Begründungen – selbst für den oft geschmähten Frontalunterricht (Them et al. 2003).

Gamifizierung ist nichts anderes, als *ein* Konzept zur effektiven Gestaltung von Lernumgebungen. Effektiv meint hier, dass Lernys darin fachlich lernen, was sie laut Modulhandbuch, Studienordnung und deiner Einschätzung nach lernen sollen. Gamifizierung designt diese Verbindung zwischen Inhalten und Lernys über das spielerische Erleben und Erfahren. Das ist die Besonderheit.

Gamifizierung begründet sich durch den Zusammenhang von Lernen und Spielen. Schon kleine Kinder lernen, indem sie spielen (Piaget 1952). Und wenn du selbst schon mal Schach (Kazemi et al. 2012) oder Fußball (Lex et al. 2022) oder ein Videospiel (Kühn et al. 2014) gespielt hast, dann ist dir auch bewusst, dass dabei immer auch gelernt wird. Das Entscheidende daran ist, dass Spielen wirklich Spaß machen kann. Und genau das ist eine gute Voraussetzung für nachhaltiges Lernen. Was wir im Spiel mit einer guten Portion Freude gelernt haben, haben wir besonders robust gelernt. Es mag uns sehr angestrengt haben. Wir mögen oft gescheitert sein. Aber das alles hat uns unterm Strich viel Spaß gemacht. Und deshalb haben wir weiter gespielt – und weiter gelernt.

Es ist fast schon selbsterklärend, dass Gamifizierung und Hochschule nicht auf den ersten Blick *matchen*. Eine Vorlesung in Strafrecht ist kein Spiel. Der Spaßfaktor einer Statistik-Übung oder eines Seminars zur mittelalterlichen Minne ist offen. Und selbst ein Studium der Sportwissenschaft, in dem praktisch z. B. Handball gespielt wird, zielt andauernd auf das Lernen, Leisten und Überprüfen ab. Hochschulen sind Bildungsorganisationen mit ernstem Auftrag und Ziel. Hochschulgesetze, Semestergebühren, Studien- und Prüfungsordnungen, Modulbeschreibungen, Klausurfragen, Bewertungstabellen und Abschlusszeugnisse lassen an der gesellschaftlichen und biographischen Ernsthaftigkeit akademischer Zwecke und Ziele keinerlei Zweifel.

Das „ung" am Ende von Gamifizier*ung* macht deutlich, dass Gamifizierung etwas mit der Hochschullehre *tun kann*, das deren Kontextbedingungen (Zwecke, Ziele, Ressourcen) absolut anerkennt (siehe Abb. 2.2). Nach einer verbreiteten Definition besteht Gamifizierung darin, Spielelemente auf nicht-spielerische Kontexte zu übertragen (Deterding et al. 2011), und zwar mit der eindeutigen Absicht, dabei den Zielen und Zwecken des jeweiligen Kontexts zu entsprechen (Koerner 2024). Für die Gamifizierung von Hochschullehre heißt dies, dass Gamifizierung im Medium des Spiels total ernste Absichten verfolgt.

Damit sind wir wieder beim Anfang. Sich in der Lehre professionalisieren zu wollen, ist eine Frage des Mindsets. Aus der eigenen Erfahrung gesprochen: Man kann die Lehre an der Hochschule auch auf kleiner

Flamme zubereiten und pragmatisch neben der Forschung her laufen lassen. Für die Wissenschaftskarriere kann das sogar wichtig sein. Zufrieden macht es aber nicht unbedingt. Von so etwas wie Freude an der Lehre wollen wir gar nicht erst sprechen. Daran etwas zu ändern, setzt eine Selbstreflexion der eigenen Berufsrolle voraus (siehe Abb. 2.2). Und das ist, wie gesagt, der Ausgangspunkt für Professionalisierung in der Lehre.

Innerhalb der Professionalisierung kann Gamifizierung eine gute Rolle spielen. Zugleich ist aber auch schon absehbar, dass Gamifizierung eine knackige Reflexion auf das eigene Lehry-Selbst voraussetzt. Für Gamifizierung offen zu sein, setzt das Mindset voraus, sie als Tool zur Gestaltung von Hochschullehre ernst nehmen zu können. Das ist keineswegs selbstverständlich. Freunden des *Nürnberger Trichters* wird die Gamifizierung bestenfalls ein mildes Lächeln entlocken. Und ja, es existiert auch berechtigte Kritik an ihr. Auch dazu später mehr.

> *Die Atmosphäre in Seminarraum 0815 ist angespannt. Was Prof.'in Ami Sellig gerade klargestellt hat, zeigt bei Mo, Linda und Daniel Wirkung. Auch ChatPTC ist ins Stocken geraten. Der Bot sucht nach einer Möglichkeit, über sich selbst nachzudenken…*
>
> *ChatPTC: Cogito (rechnet), sed sum (rechnet). Cogito, sed sum? Nein! Doch!*
> *Mo: Wenn man Lehre so betrachtet, wird's echt anstrengend. Ich dachte eher so an kleine Tipps und Tricks. Nicht direkt daran, mein Selbstverständnis als Dozent hinterfragen zu müssen. Geht's nicht auch drunter?*
> *Daniel Gilles: Dakko! Tipps un Tricks for de Trekker. Min Trekker [seufzt]*
> *Linda: Das mit der Professionalisierung von unten gibt mir zu denken. Das ist es doch, das könnte die Lösung sein für mich [denkt an ihre Lieblingsserie Grey's Anatomy]…*
> *Prof.'in Ami Sellig: Ok, wenn ihr einverstanden seid, lassen wir das erstmal so stehen und gucken jetzt genauer auf die Gamifizierung.*
>
> *Keiner sagt etwas. Die Uhr über der Tür springt um. Es ist…*

Literatur

Deterding, S., Dixon, D., Khaled, R., & Nacke, L. (2011). From Game Design Elements to Gamefulness: Defining "Gamification." *MindTrek, 11,* 1–7.

Deutsche Sporthochschule Köln. (2024). *Modulhandbücher.* https://www.dshs-koeln.de/studium/studienorganisation/studienunterlagen/lehramt/modulhandbuecher/

Hochschuldidaktik NRW. (2024). *Qualifizierungsprogramm.* https://hd-nrw.de/qualifizierungsprogramm/

Hochschulgesetz Nordrhein-Westfalen, 309 (2019).Hochschulrektorenkonferenz. (o. J.). *Das Hochschulsystem In DEUTSCHLAND.*

Kazemi, F., Yektayar, M., & Abad, A. M. B. (2012). Investigation the impact of chess play on developing meta-cognitive ability and math problem-solving power of students at different levels of education. *Procedia – Social and Behavioral Sciences, 32,* 372–379. https://doi.org/10.1016/j.sbspro.2012.01.056

Kindermann, K., & Riegel, U. (2016). Subjektive Theorien von Lehrpersonen. Variationen und methodische Modifikationen eines Forschungsprogramms. *Forum Qualitative Sozialforschung, 17*(2), 1–34. https://doi.org/10.17169/fqs-17.2.2486

Koerner, S. (2024). *Narrative Gamifizierung in der sportwissenschaftlichen Lehre. Konzeption – Durchführung – Evaluation.* Nomos.

Kühn, S., Gleich, T., Lorenz, R. C., Lindenberger, U., & Gallinat, J. (2014). Playing Super Mario induces structural brain plasticity: gray matter changes resulting from training with a commercial video game. *Molecular Psychiatry, 19*(2), 265–271. https://doi.org/10.1038/mp.2013.120

Lex, H., Simon, M., & Schwab, S. (2022). Insights into the application of soccer-specific actions in established and new game forms of youth soccer. *German Journal of Exercise and Sport Research, 52*(1), 168–172. https://doi.org/10.1007/s12662-021-00748-0

Lohmann, Volker, Seidel, Verena, & Terhart, Ewald. (2020). *Bildungswissenschaften in der universitäten Lehrerbildung: Curriculare Strukturen und Verbindlichkeiten. Eine Analyse aktueller Studienordnungen an nordrhein-westfälischen Universitäten.* https://doi.org/10.25656/01:14724

Ministerium für Kultur und Wissenschaft des Landes Nordrhein-Westfalen. (2019). *Gesetz über die Hochschulen des Landes NordrheinWestfalen (Hoch-*

schulgesetz – HG) – in der Fassung des Gesetzes zur Änderung des Hochschulgesetzes vom 12. Juli 2019 (GV. NRW. S. 377) –.

Oleson, A., & Hora, M. T. (2014). Teaching the way they were taught? Revisiting the sources of teaching knowledge and the role of prior experience in shaping faculty teaching practices. *Higher Education, 68*(1), 29–45. https://doi.org/10.1007/s10734-013-9678-9

Reinmann, G., & Rhein, R. (Hrsg.). (2022). *Wissenschaftsdidaktik I. Einführung*. transcript.

Simonton, K. L., Richards, K. A. R., & Washburn, N. (2021). Understanding Emotion in Physical Education Teaching: A Conceptual Framework for Research and Practice. *Quest*, 1–17. https://doi.org/10.1080/00336297.2021.1915352

Statistisches Bundesamt. (2018). *Hochschulen auf einen Blick – Ausgabe 2018*.

Statistisches Bundesamt. (2024). *Hochschulen*. https://www.destatis.de/DE/Themen/Gesellschaft-Umwelt/Bildung-Forschung-Kultur/Hochschulen/_inhalt.html#234558

Them, C., Schulc, E., Roner, A., & Behrens, J. (2003). Comparison of frontal teaching versus problem-oriented learning at the school of healthcare and nursing: nursing neurological patients. *International Journal of Medical Informatics, 71*(2–3), 117–124. https://doi.org/10.1016/s1386-5056(03)00096-0

Piaget, J. (1952). Introduction: The biological problem of intelligence. In J. Piaget & M. Cook (Trans.), The origins of intelligence in children (pp. 1–20). W W Norton & Co. https://doi.org/10.1037/11494-001

3
Level 2 – Gamifizierung

… *16.37 Uhr. Die Le[3/h]r-Gang wirkt noch unsicher. Sie wollen Daniel unbedingt helfen, aber lohnt sich wirklich eine Auseinandersetzung mit Gamifizierung? Während ChatPTC bereits erste mögliche gamifizierte Szenarien durchrechnet, sieht Daniel noch keinen Hoffnungsschimmer am Horizont. Mo ist zu 1,28 % davon überzeugt, dass das ganze hier was bringen könnte… und Linda… Ja, Linda ist wie immer aufgeregt.*

Prof.'in Ami Sellig: Hört sich doch gut an: Gamifizierung kann was können.
Mo: Kann was können? Muss was müssen? Ist das jetzt auch ein Spiel? Ist das schon Gamifizierung? Ihr macht mich noch ganz kirre…
Linda: Wortspiele… ich liebe Wortspiele. Wortspiele „gam" man machen. Versteht ihr? „Gam" von Gamifizierung. Hi hi.
ChatPTC: Schlechtes Wortspiel. Linda verliert einen Punkt. Mo führt auf dem letzten Platz mit -2 Punkte. Linda ist die schlechteste von vorne mit −1 Punkte. Ha ha. Das ist lustig.
Daniel Gilles: Meine MF…I musse no mol e Bild von ihr angucke.

Prof.'in Ami Sellig: Wir sollten uns auf die Aufgabe konzentrieren. Für Daniels Konzept brauchen wir noch mehr Infos darüber, was Gamifizierung eigentlich ist.
Daniel Gilles: Jenau.
Mo: So richtig klar ist mir das nicht.
Linda: Das kommt doch jetzt bestimmt. Wie aufregend.
Prof.'in Ami Sellig: Ich denke, da gibt es ein paar Antworten für euch. [Pause] Ich sagte, da gibt es eine paar Antworten für euch. [Sie schielt leicht zur angelehnten Tür] Ich sagte es gibt ein paar Antworten für euch.

Durch den Spalt der Tür rollt ein röhrenförmiges Gerät in den Raum. Eine Blendgranate? Daniel Gilles will hinter seine MF in Deckung springen, versteckt sich dann aber mangels Traktor doch lieber hinter Linda. Aus dem Gerät ertönt auf einmal der Anfangsbeat des LMFAO Partyhits „I am sexy and I know it". Linda ist aufgeregt. „Yeah, yeah" ertönt es aus der Box. Mo schaut irritiert, als er im Augenwinkel zwei Gestalten in der Tür erkennt. "When I walk on by, girls be looking like damn he fly" Prof.'in Sellig ist erleichtert. "I pimp to the beat" Sie sind da. "Walking on the street in my new LaFreak, yeah". Kurz hatte sie bezweifelt, dass die beiden tatsächlich Wort halten. „This is how I roll, animal print, pants out control".

Daniel Gilles: Wer senn die Jungs?
Chat PTC: Mein Datensatz gibt folgendes aus: Basti Seitenberger ist Head Coach beim FC. Er ist regelmäßig in Lehrveranstaltungen der Deutschen Sporthochschule Köln anzutreffen. Leitspruch: Veni, Vidi, Seitenberger. Na M. Sepur ist CEO der Spielentwicklungsfirma „Learning and Development Games". Er investiert in Menschen, Organisationen und Kryptowährungen. Er unterrichtet nebenamtlich regelmäßig an der Hochschule für Polizei und Öffentliche Verwaltung in NRW (Abb. 3.1).
Daniel Gilles: Äh ok.
Prof.'in Ami Sellig: Genau. Ich habe Basti und Nam mal angeschrieben und eingeladen, weil sie uns einiges über Gamifizierung erzählen können. Sie haben da – wie soll ich sagen – schon einiges an Erfahrung gesammelt.
Basti Seitenberger: Joah.... Hehe... Jo mei. des Hommer g'macht... hehe... for real!
Na M. Sepur: Und wir können euch da gerne einige Tipps geben. Ihr müsst nur investieren. In Menschen, Organisationen und...

Abb. 3.1 Basti Seitenberger & Nam M. Sepur

Alle: Kryptowährungen!
Na M. Sepur: Hehe. Dann mal auf. Veni, Vidi, …
Alle: Seitenberger!

Ein Hauch von Optimismus macht sich breit. Auch Mo berechnet die Erfolgswahrscheinlichkeit der Gamifizierung mittlerweile auf 1,85 %. Während sich die Le[3/h]r-Gang in Position bringt um Basti und Nam zu lauschen, lassen die beiden heimlich ihre Set-Cards mit einem QR Code auf den Boden fallen. Der Zeiger der Uhr springt derweil auf 16.42 Uhr.

3.1 Was wir von Games lernen können

Wir hatten ja eben schon erfahren, dass man sich Gamifizierung zunächst als eine Art Übertragung vorstellen kann. Ausgangspunkt sind Spiel-Elemente. Genauer: Elemente, die aus digitalen Computerspielen kommen. Was es neben Punkten, Ranglisten und Abzeichen noch so alles für Elemente gibt, behandeln wir im nächsten Kapitel. Gamifiz*ierung* besteht darin, sich diese Elemente zu schnappen und sie auf Kontexte zu übertragen, die primär nichts mit Spiel zu tun haben. Das „ung" in Gamifizierung verweist auf diesen Vorgang.

Der Supermarkt z. B. ist ein Ort des Konsums, der per se nichts mit Spielen zu tun hat. Wir tauschen dort Waren gegen Geld. Sind dabei Bonuspunkte im Spiel und sind diese abhängig vom Rechnungsbetrag, handelt es sich um Gamifiz*ierung*. Das Spielelement sind hier die Punkte, der Supermarkt ist der nicht-spielerische Kontext. Die (Nicht-) Vergabe von Punkten für Leistungen zählt zu den etablierten Designelementen von Computerspielen (Dicheva et al. 2018; Toda et al. 2019). Im Supermarkt belohnen Bonuspunkte Kaufentscheidungen. Sie erzeugen eine gamifizierte Konsumumgebung. Je höher der Rechnungsbetrag, desto mehr Bonuspunkte, desto stärker die Bindung. Das ist die Idee dahinter. Sie „hakt" uns Menschen an bekannten Verhaltenstendenzen.

Die Hochschule ist ebenfalls so ein Ort, von dem wir wohl nüchtern betrachtet sagen würden, dass es hier primär nicht ums Spielen geht. Vorlesungen und Seminar sind ziemlich ernste Angelegenheiten. Hier geht es um relevante Inhalte, Lernziele, Kompetenzentwicklung, Prüfungen, Berufsausbildung. Wir nehmen den hohen Anspruch von Hochschulbildung gleich mit, um auch den Anspruch an eine Gamifizierung höher zu schrauben. Mit der Vergabe von Punkten geben wir uns nicht zufrieden. Zumal Studien zeigen, dass Gamifizierung als Pointifizierung (*siehe Glossar*) ihre Ziele gut verfehlen kann (Diefenbach und Müssig 2018). Hinzu kommt, dass die Vergabe von Punkten ja bereits gängige Praxis an Hochschulen ist. Hochschulen wollen mehr als Supermärkte. Passend zu diesem Anspruch sehen wir hier mit Kapp das Ziel von Gamifizierung darin, „to engage people, motivate action, promote learning, and solve problems" (Kapp 2012).

Studentys für eine Auseinandersetzung mit den anatomischen Grundlagen des Menschen zu engagieren, sie für Mittelalterliche Minne zu motivieren, sie im Erlernen eines Flickflacks, der Subsumtion eines Falls unter eine Rechtnorm oder in der Fähigkeit, mittels chemischer Wirkstoffmoleküle Probleme der Rezeptur von Medikamenten zu lösen

– das alles könnten durchaus passende Zielformulierungen von Hochschullehre sein. Das große Argument der Gamifizierung lautet: Games zeigen uns im Prinzip, wie das geht. Sie schaffen es, Menschen zu engagieren und zu motivieren. Und sie schaffen es, dass wir lernen, Probleme zu lösen.

Computerspiele sind die erfolgreichsten Produkte der zeitgenössischen Popkultur. Vom Umsatz her übertreffen sie Filme, Serien und Musikstücke. Zusammengenommen. Was in den 1970-er Jahren als Nischenmarkt angefangen hat, ist inzwischen gesellschaftlich etabliert. Weltweit gamen über 3,1 Mrd. Menschen, in Deutschland spielt jeder Zweite, und so gut wie die Hälfte davon ist weiblich.[1] Für ihren Erfolg kann man Computerspiele mit guten Gründen kritisieren. Sie sind ein Kind des modernen Kapitalismus (Buck 2017; Woodcock und Johnson 2018), können süchtig (*siehe Glossar*) machen (Paschall 2015) und haben in einigen Fällen u. a. explizite Gewaltdarstellungen (*siehe Glossar*) zum Inhalt (Ybarra et al. 2022). Videospiele sind dafür zu recht zu kritisieren. Dass Probleme mit ihnen einhergehen, muss jedoch von Potenzialen nicht absehen lassen. Gamifizierung handelt von diesen Potenzialen – was selbstkritische Betrachtungen keineswegs ausschließt.

Wir können uns also fragen, was wir aus Sicht der Hochschullehre von Games lernen können. Die Antwort ist einfach: Computerspiele schaffen es, dass viele Menschen sie gerne spielen. *Gerne spielen.* Die Analogie zur Lehre wäre, dass Studentys *gerne lernen*, also motiviert sind und Spaß daran haben zu lernen. Interessanterweise ist die Frage, wie Computerspiele es schaffen, dass man sie gerne spielt, von der Wissenschaft gut untersucht worden. Videospiele erzeugen einen *Motivational Pull.*

Motivation
Im Lichte der Selbstbestimmungstheorie (SDT) erklärt sich der Erfolg moderner Videospiele über ihren Einfluss auf unsere Motivation. Im Kern besagt die SDT, dass Menschen dann motiviert sind, wenn sie sich als autonom, kompetent und sozial eingebunden erleben (Abb. 3.2).

---

[1] https://de.statista.com/themen/1095/gaming/#topicOverview.

Abb. 3.2 Selbstbestimmungstheorie & Computerspiel

Wenn unsere Motivation darin besteht, einen Grund dafür zu haben, etwas zu tun, und wir vor allem dann motiviert sind, wenn wir uns als autonom, kompetent und sozial eingebunden erleben, dann liefern Games diesen Grund. In einem vielbeachteten Artikel begründen Ryan et al. (2017) den Zusammenhang theoretisch und empirisch. Computerspiele motivieren, weil

- sie in der Regel variable Freiheitsgrade bei der Auswahl von Aufgaben, Schwierigkeitsgraden sowie bei der Gestaltung von Lösungswegen enthalten (Autonomie, *siehe Glossar*)
- über Feedbackmechanismen verfügen, die direkt zurückmelden, ob eine Entscheidung und Handlung funktional gewesen ist (Kompetenz, *siehe Glossar*) und
- Räume sozialer Interaktion bereitstellen, in dem sich Gamer, vor allem im Multiplayer-Mode (*siehe Glossar*), als Teil einer Gemeinschaft erleben (soziale Eingebundenheit, *siehe Glossar*).

Moderne Games bespielen die menschlichen „basic needs" nach Autonomie, Kompetenz und sozialer Eingebundenheit. Mit der SDT verstehen wir, dass die Motivation zu spielen, in der tief verdrahteten Ebene menschlicher Grundbedürfnisse gründet. Wir wissen jetzt, warum viele von uns gerne spielen. Aus Sicht der Hochschullehre passiert beim Spielen allerdings noch etwas anderes: Wir lernen.

Neben Motivation erkennt die Gamifizierung im Lernen das entscheidende Potenzial von Games. Anders gesagt: Wenn wir uns fragen, was wir als Hochschullehrys von Videospielen lernen können, so lautet die Antwort: Wir können uns abgucken wie Games es schaffen, dass man lernt, während man spielt.

Spielen und lernen

Wenn kleine Kinder spielen, benutzen sie häufig Dinge stellvertretend für etwas, was gerade nicht da ist. Sie stellen sich das aber vor. Sie nehmen z. B. einen Stock, und behandeln diesen wie ein Pferd. Jean Piaget begreift das symbolische Spiel der frühen Kindheitsphase als eine zentrale kognitive Lernphase (Piaget 2013). Studienergebnisse legen u. a. nahe, dass kreative Menschen in ihrer frühen Kindheit viel Zeit damit verbracht haben, spontan und frei zu spielen (Brown und Vaughan 2010). Spielen und lernen stehen im Zusammenhang.

Das gilt auch für strukturierte Spiele wie Schach oder Fußball, und erst recht für Computerspiele. Spielt man Fußball, lernt man u. a. zu passen und zu dribbeln (Lex et al. 2022). Spielt man Schach, lernt man nicht nur die Rochade. Man wird auch im Lösen mathematischer Aufgaben besser (Kazemi et al. 2012).

In guten Videospielen gehen Spielen und Lernen ebenfalls Hand in Hand. Populäre Videospiele sind so designt, dass man sie spielt und dabei immer weiter dazulernt. Dass man etwas gelernt hat, äußert sich als dauerhaft abrufbare Veränderung des Verhaltens (Kantak und Winstein 2012). Wer schon mal Mario Bros gespielt hat, wird dabei festgestellt haben, bereits nach wenigen Minuten schneller laufen, springen und Punkte sammeln zu können als noch zu Beginn des Spiels. Dieser anekdotische Befund wiederholt sich täglich milliardenfach. Ein Videospiel zu spielen bedeutet, zu lernen. Der Lernprozess endet, wenn das Spiel vorbei ist. Oder aber die Motivation zu spielen verloren geht. Wir wissen jetzt: Das könnte damit zu tun haben, dass wir in unserem Bedürfnis nach Kompetenz, Autonomie und sozialer Eingebundenheit nicht ausreichend abgeholt werden. Ist die Aufgabe im Spiel zu schwierig, also nicht abgestimmt auf die individuellen Fähigkeiten und Fertigkeiten, wirkt das demotivierend, weil das Bedürfnis nach Kompetenz nicht befriedigt wird.

Gute Videospiele hingegen sind „sticky" (Rowe et al. 2017, S. 490). Man bleibt hängen, weil sie motivierend designt sind. Indem sie uns Autonomie, Kompetenz und soziale Eingebundenheit erleben lassen, motivieren uns Computerspiele zu ausdauernden Interaktionen mit ihren Inhalten und Aufgaben. Gerade das macht Games zu "powerful formative assessments of learning" (Rowe et al. 2017, S. 491). Das Lernen in Games geschieht nebenbei. Und es ist robust. Weil es *im* praktischen Handeln selbst erworben wird.

In Anlehnung an Popper (1981) entspricht das Lernen in Videospielen der Searchlight-Theory des Lernens (*siehe Glossar*). Anders als in der Eimer-Theorie, in der wir für bekannte Aufgaben gegebene Lösungen reproduzieren, nutzen wir im Scheinwerfer-Modell unsere Erwartungen für die aktive Suche nach passenden Lösungen. Für gestellte Aufgaben kreieren wir eine Spielwelt, erkunden Lösungen auf der Basis unserer Erwartungen, scheitern und wählen die nächste Lösungsmöglichkeit. Auf diese Weise eliminieren wir im Tun die „falschen" Hypothesen und bleiben bei den erfolgreichen Verhaltensweisen hängen. In Videospielen sind wir der Scheinwerfer. Wir lernen praktisch aus Fehlern. Das Lernen durch Spielen entspricht einem aktiven, letztlich nur durch den Lerner selbst hervorgebrachten Vorgang der dauerhaften Verhaltensanpassung (Piggott 2008).

Das besondere Lernpotenzial von Computerspielen ist der pädagogischen Welt bekannt. Das Genre der Serious Games (*siehe Glossar*, Anderie 2023; Korn et al. 2022; Landers et al. 2017) sowie das Konzept des Game-based learning (*siehe Glossar*, Anastasiadis et al. 2018; Kogan 2023; Le et al. 2013; Nuss und Kogan 2017) greifen dieses Potenzial auf. Die Idee ist, *durch* das Spielen mehr oder weniger indirekt „ernste", z. B. schulische Lernziele zu erreichen, ggf. sogar besser als mit herkömmlichen Ansätzen. Im Kern geht es darum, Games gezielt als Lernmedium einzusetzen. In einer Art Pädagogik der gewollten Nebenwirkung (Treml, 2000) besteht ihr Trick darin, Lernumgebungen so zu gestalten, dass das Spielen als manifeste Handlung latent zum pädagogisch gewünschten Lernen führt. In dem mobile Adventure-Spiel

The Unstoppables (2015, Stiftung Cerebral) z. B. lösen vier Freunde, die jeweils eine andere Beeinträchtigung haben, gemeinsam einen Kriminalfall. Dabei begegnen sie herausfordernden Alltagssituationen, die sie nur gemeinsam bewältigen können. Das Spielen von *The Unstoppables* fördert auf unterhaltsame Weise das Verständnis für die Alltagsprobleme von Menschen mit Beeinträchtigung. Die Idee ist, dass man das *im* Spielen anders lernt als durch einen Vortrag *über* Menschen mit Beeinträchtigung.

Die Wirksamkeit von *Serious Games* und game-basiertem Lernen ist im Übrigen gut untersucht. Der Systematic Review von Connolly et al. (2012) umfasst 129 Studien, die positive Wirkungen von *Serious Games* vor allem im Bereich des Wissenserwerbs aufzeigen. In einem Folgereview stützen Boyle et al. den Befund von Conolly et al. (2016) auf der Grundlage weiterer 143 Studien. Zugleich attestieren die Überblicksarbeiten auch Limitationen einzelner Studien.

Serious Games und Game-based learning arbeiten vor allem mit „fertigen" digitalen und analogen Spielen als Lernwerkzeugen. Im Unterschied zu ihnen besteht der Ansatz der Gamifizierung darin, Lernumgebungen mit Ideen und Konzepten zu gestalten, die beim Design von Computerspielen angewendet werden. Damit können wir zum Schluss eine Arbeitsdefinition präzisieren: *Gamifizierung ist die Übertragung von Elementen, Prinzipien und Modellen aus dem Game-Design auf nicht-Game Kontexte, mit dem Ziel, Menschen für die Inhalte, Aufgaben und Ziele des jeweiligen nicht-Game Kontext zu engagieren, sie zu motivieren und ihren Lernprozess zu unterstützen.*

3.2 Gamifizierung als Design

Computerspiele sind motivierend. Und sie eignen sich zum Lernen. Gamifizierung möchte diese Wirkungsweise von Games auf nicht-spielerische Kontexte übertragen. Für die Hochschullehre ist das in hohem Maße anschlussfähig. Fehlt im Seminar die Motivation, fällt das Lernen (und Lehren!) schwer. Probleme beim Lernen ziehen dann in der Regel auch Probleme bei den Prüfungen nach sich. Gamifizierung setzt hier an, indem wir uns abgucken, welche Elemente, Prinzipien und Modelle

Spiel-Designys mit welchen Überlegungen bei der Entwicklung von Computerspielen nutzen.

Stellen wir uns Gamifizierung kurz wie ein Haus vor: Dann sind Modelle so etwas wie die Baupläne, Prinzipien so etwas wie die Etagen, Flure und Zimmer, und Elemente so etwas wie die einzelnen Türen, Wände und Bausteine in diesem Haus. Gehen wird das Ganze der Reihe nach durch.

Elemente
Elemente, die dem Game-Design entnommen sind und in der Gamifizierung wiederkehrend benutzt werden, gibt es zahlreiche. Erwähnt hatten wir bereits Leaderboards, Punkte und Level. Weitere Elemente sind Challenges, Wahlmöglichkeiten oder Story (Buckley und Doyle 2016; Butler und Spoelstra 2023; Kalogiannakis et al. 2021; Ortiz-Rojas et al. 2019).

Die Gamification-Taxonomie von (Toda et al. 2019, Abb. 3.3) gibt hierzu einen guten Überblick. Die aufgeführten Elemente wurden Expertys vorgelegt und im Konsensverfahren nach Funktionen bzw. Bezügen gruppiert. Wir können direkt ein wenig damit spielen. Nutzen wir „Wettkämpfe" als Element von Gamifizierung, machen wir damit die Sozialdimension (Alter versus Ego) auf: Wir lassen Individuen oder Gruppen gegeneinander antreten; wahrscheinlich, weil wir davon ausgehen, dass Konkurrenz die Leistungsbereitschaft stimuliert. Dabei können wir Punkte vergeben, Leistungen vergleichen, Wahlmöglichkeiten z. B. in Bezug auf den Schwierigkeitsgrad von Aufgaben anbieten, Zeitlimits einbauen und den Erfolg belohnen. Für die Nutzung eines jeden Elements sind die Begründungen und die darin steckenden Annahmen entscheidend, z. B.:

- *Belohnungen* zu vergeben macht Sinn, wenn man Leistungen entsprechend hervorheben möchte. Wir gehen davon aus, dass es für Einzelne oder Gruppen wichtig und motivierend ist, wenn ihre besonderen Leistungen besonders sichtbar gemacht und repräsentiert werden. Ferner gehen wir vielleicht davon aus, dass Belohnungen zukünftige

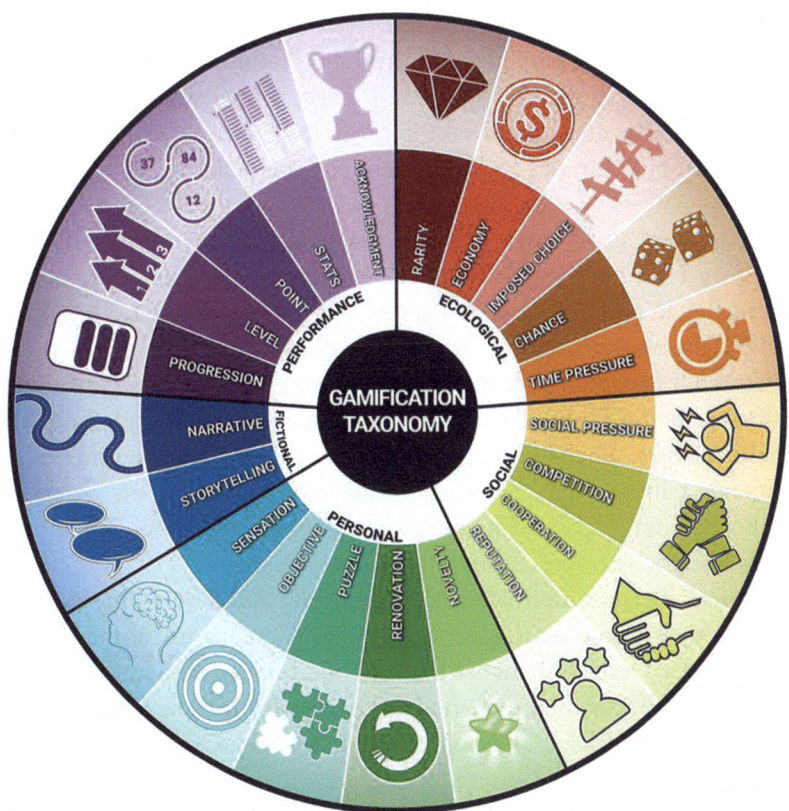

Abb. 3.3 Gamification-Taxonomie nach Toda et al. (2019)

Leistungen motivieren. Vielleicht aber sehen wir Belohnungen als stumpfe Verhaltensverstärker auch kritisch und verzichten auf sie.
- *Wahlmöglichkeiten* anzubieten macht Sinn, z. B. in Bezug auf Aufgaben, Schwierigkeitsgrade oder Lösungswege, wenn man von Unterschieden in Motivation, Fähigkeiten, Interessen, Wissen und Ressourcen der Lernys ausgeht, aber dennoch möchte, dass möglichst alle „mitspielen". Vielleicht aber müssen wir im Rahmen einer gamifizierten Lernumgebung an bestimmten Stellen auch „Standards durchsetzen" – dann verzichten wir auf Wahlmöglichkeiten.

- *Zeitlimits* einzubauen macht Sinn, wenn wir davon ausgehen, dass diese die Aufmerksamkeit und Aktivität fokussieren und das „Arbeiten unter Zeitdruck" Spannung erzeugt. Vielleicht sehen wir in Zeitlimits aber auch Bremsfaktoren für ausgereifte Ideenbildung und Umsetzung. Wenn das so ist, verzichten wir auf sie.

Um dem Wettkampf einen „Grund" zu geben, können wir z. B. noch eine Story erfinden und erzählen. Z. B. könnte es darum gehen, dass der Zugang zu einer „strangen" Parallelwelt nur durch einen Flick-Flack möglich ist (Sportstudium); aus Wirkstoffmolekülen der Bauplan für ein rettendes Medikament entwickelt werden muss (Pharmaziestudium) – dabei tickt die Uhr; oder für das anstehende Abschlussplädoyer vor Gericht nächste Woche die entscheidenden Fakten und Argumente zusammengestellt werden müssen (Jurastudium); oder für die Szene im Drehbuch einer preisgekrönten Ärzteserie ein realistischer Anamnese-Dialog geschrieben werden muss (Medizinstudium).

Genauso aber könnten wir das Element der *Kooperation* in den Mittelpunkt stellen und von einer passenden Geschichte rahmen lassen usw. Jedes der Design-Elemente kann so durchdacht werden: Was ist die Funktion? Welche Annahmen transportieren sie? Inwiefern sind sie für meine Inhalte und Ziele sinnvoll? Die pädagogische Kontextualisierung ist der Schlüssel für den Einsatz.

Aus Untersuchungen zur Gamifizierung wissen wir, dass isoliert genutzt oder additiv aneinandergereihte Elemente noch keine gelungene Gamifizierung machen (Butler und Spoelstra 2023; Grabner-Hagen und Kingsley 2023; Groening und Binnewies 2021; Kwon und Özpolat 2020). So identifizieren Diefenbach & Müssig (2018) u. a. im Rahmen einer Interviewstudie nicht-intendierte Effekte bei der Nutzung einer kommerziellen Task-Manager App. Die Belohnung durch Punkte beim Managen von Aufgaben hatte auf der individuellen Verhaltensebene Prokrastination statt strukturierte Erledigung zur Folge (Diefenbach und Müssig 2018).

Für die Nutzung von Design-Elementen ist ein Denken und Planen in *Zusammenhängen* erfolgversprechender. Kapp nennt das "Gamethinking" (Kapp 2012, S. 11) und betont, dass es sich dabei um das „perhaps most important element of gamification" handle. *Game Thin-*

king besteht im weitesten Sinne darin, jeweils zu gamifizierende Inhalte, Aktivitäten und Ziele aus Game-Perspektive zu durchdenken. Dabei kann ein Fokus auf den Einsatz sinnvoll kombinierter Elemente gesetzt werden.
Vom Ziel her betrachtet geht es bei der Gamifizierung in Kontexten wie jenen der Hochschule darum, das Lernen als *freudvollen* Zusammenhang von Erleben und Erfahren zu gestalten. Für uns resultiert daraus die Frage: *Wie*, d. h. mit welchen abgestimmten Elementen, lässt sich das Lernen im Kontext so gestalten, dass wir mit einer positiv unterstützenden Wirkung auf Motivation und Lernen rechnen können? Bei dieser Frage bringen uns Design-Prinzipien auf weitere Ideen. Mit ihrer Unterstützung können wir aus den Bausteinen passende Zimmer bauen.

Prinzipien
Einzelne Elemente aggregieren in Design-Prinzipien zu sinnvollen Zusammenhängen. In lockerer Anlehnung an Pallesen? stellen wir vier unseres Erachtens zentrale Prinzipien vor, die das Game Thinking beim Design einer gamifizierten Hochschullehre stimulieren: "Meaningful Play", "Feedback", "Gameplay Balance" und "Flow" (2013, S. 2 ff.).

- *Meaningful Play* (*siehe Glossar*) bedeutet, das Lernen so zu designen, dass Entscheidungen und Handlungen von Lernys *bedeutsam* sind. Sie beeinflussen den Verlauf des Geschehens. Wie im Videospiel: Bei *Mario Bros* z. B. macht es einen Unterschied, ob man sich in letzter Sekunde noch für einen Abstecher ins Sternenfeld entscheidet oder lieber direkte den Zielpfahl anspringt. Indem der Einfluss eigener Entscheidungen und Handlungen im Lernprozess sichtbar wird, wirkt der Prozess auf das Lerny zurück. Auf diese Weise erlebt sich das Lerny selbst als bedeutsam, weil es selbst den Unterschied im Handlungsverlauf macht und diesen mitträgt. Die entwicklungspsychologischen Bezüge zur Selbstkonzept- und Selbstwirksamkeitsförderung liegen hier auf der Hand (Bong und Skaalvik 2003). Orientieren sich gamifizierte Lernumgebungen am Prinzip des Meaningful Play, dann sind sie so zu designen, dass Entscheidungen und Handlungen in ihnen eine besondere Bedeutsamkeit bekommen.

- *Feedback* (*siehe Glossar*) bedeutet, das Lernen so zu designen, dass Lernys unmittelbares prozessbezogenes Feedback zu ihren Entscheidungen und Handlungen bekommen. Das Feedback kann dabei aus den Aufgaben selbst heraus erfolgen, indem Lernys sehen, fühlen oder hören können, ob die aktuell gewählte Handlung eine passende Handlung ist – oder nicht. Wie im Videospiel: Ob der Abstecher ins Sternenfeld eine gute Idee gewesen ist, zeigen unter anderem der Punktestand und die Uhr. *Feedback* und *Meaningful Play* stehen im Zusammenhang. Feedback unterstützt die Bedeutsamkeit individueller Entscheidungen. Es bewertet diese. Rolle und Arten von Feedback sind ein großes Thema in der Lernforschung. Zahlreiche Studiendaten attestieren insbesondere prozessbezogenen Feedbackformen eine motivierende und förderliche Wirkung (Glerum et al. 2019; Gunderson et al. 2013; Hanham et al. 2019; Hattie und Timperley 2007; Limeri et al. 2020). Orientieren sich gamifizierte Lernumgebungen am Prinzip von Feedback, dann sind Mechanismen der Rückmeldung zu Entscheidungen und Handlungen bewusste Design-Komponenten.
- *Gameplay Balance* (*siehe Glossar*) bedeutet, das Lernen so zu designen, dass Anstrengung, Einsatz und die Bereitschaft, etwas zu wagen, das auch Scheitern kann, einen fairen Unterschied machen. Der Unterschied zeigt sich im Handlungsvollzug, im Ergebnis und in der Rückmeldung. Im Vollzug erzeugt z. B. die Entscheidung für ein höheres Risiko (z. B. noch schnell ins Sternefeld abstechen) neben Anstrengung auch Spannung – was bereits unabhängig vom Ergebnis motivierend wirken kann. Wenn dann noch das erhoffte Ergebnis eintritt und entsprechend durch Fortschritt und Anerkennung „belohnt" wird, verstärkt dies die Motivation. Fair ist ebenso, sich bei Aufgaben für weniger Anstrengung und Risiko zu entscheiden und dabei zu wissen, dass die Fortschritte kleiner ausfallen. Das Prinzip der *Gameplay Balance* berührt Evidenzen der Lehr-Lern-Forschung. In High-Performance Bereichen gilt z. B. als empirisch gesichert, dass Lernfortschritte und Expertise-Entwicklung vor allem an Anstrengung hängen (Headrick et al. 2015; Seifert et al. 2019). Im Stadium fortgeschrittener Expertise muss nach dem Gesetz des abnehmenden

Grenznutzens für immer kleinere Fortschritte immer mehr qualitativ hochwertiger Einsatz erfolgen (Blanch et al. 2017; Scully 2000). Ein für die Anwendung auf „ernste" Lernumgebungen ganz zentraler Aspekt, der Videogames generell kennzeichnet, tritt im Prinzip der *Gameplay Balance* deutlich hervor: Scheitern und wiederholtes Scheitern sind beim Spielen völlig in Ordnung. Mehr noch: Scheitern und Fehler machen sind ausdrücklich erwünscht. Denn dadurch wird gelernt. Gaming ist „the art of failure" (Juul 2013). Gescheiterte Anläufe sind nicht nur „central to the enjoyment of games" (ebd., S. 7), sondern auch zentral für das Lernen. Orientieren sich gamifizierte Lernumgebungen am Prinzip des Gameplay Balance, dann sind u. a. Wahlmöglichkeiten, gestufte Belohnungen und schnelle Neustartoptionen nach gescheiterten Anläufen zentrale Design-Komponenten.

- *Flow* (*siehe Glossar*) bedeutet, das Lernen so zu designen, dass Lernys Gelegenheiten vorfinden, im Tun aufzugehen. Derartige Gelegenheiten werden dadurch ermöglicht, dass die Schwierigkeit bzw. der Anforderungscharakter von Aufgaben abgestimmt ist auf die individuellen Voraussetzungen. Das größte Flow-Potenzial geht von Aufgaben aus, deren Schwierigkeitsgrad leicht über den aktuellen Fähigkeiten und Fertigkeiten des jeweiligen Lerny liegt. Unterforderung erzeugt Langeweile, starke Überforderung frustriert und demotiviert. Lernen Menschen in einem Bereich, in dem fordernde Aufgaben zu den (erwarteten) Kompetenzen passen, *fließt* das Handeln. Auch und gerade dann, wenn diese scheitern. Ein gut balanciertes Verhältnis von Anforderung und Fähigkeiten motiviert dazu, die Lösung der Aufgabe fortzusetzen – denn bei jedem nächsten Mal könnte es klappen. Das Flow-Konzept impliziert, dass Lernys unterschiedliche Voraussetzungen mitbringen. Darauf folgt praktisch für das Design von Lernumgebungen, dass man für das Lernen einer bestimmten Fähigkeit Aufgaben mit unterschiedlichen Schwierigkeitsgraden entwickelt und diese selbstbestimmt wählen lässt. Im Sport und in anderen Bereichen ist *Flow* (Csíkszentmihályi 1985) mit einem Lernen im *Sweet Spot* (Coyle 2009) bzw. in einer *proximal zone of development* (Vygotsky 1978) assoziiert. Das pädagogische Konzept unterrichtlicher

Binnendifferenzierung dokumentiert, wie wichtig es ist, in Anerkennung heterogener Voraussetzungen diese im Design lernbezogener Aufgaben zu berücksichtigen (Klippert 2017). Orientieren sich gamifizierte Lernumgebungen am Flow-Prinzip, dann bilden u. a. variable Schwierigkeits- und Anstrengungslevel wichtige Design-Komponenten.

In der von uns vorgeschlagenen Interpretation von Game Thinking (*siehe Glossar*) geht es also darum, für die Gestaltung von Lernumgebungen das Set möglicher Game-Design-Elemente wie Punkte, Wettkampf oder Zeitdruck (Toda et al. 2019) auf der Ebene von Design-Prinzipien funktional zu durchdenken. Prinzipien wie *Meaningful Play*, *Feedback*, *Flow* und *Gameplay Balance* bieten hierfür mögliche Bezugspunkte.

Mit ihnen lassen sich Auswahl und Einsatz von Elementen auf lerntheoretisch und empirisch sinnvoll begründbare Funktionen beziehen. Graduell nach Schwierigkeit differenzierte Aufgaben berücksichtigen heterogene Voraussetzungen des Lernens und bieten motivierende Lernchancen, die man sich zutraut. Hierfür können Level, Wettkämpfe, Zeitdruck, Fortschritt, Wahlmöglichkeiten etc. sinnvoll abgestimmt zum Einsatz kommen (Abb. 3.4). Bedeutungsvolle Handlungen verändern den Verlauf, den Fortschritt, die Geschichte, die Punkte usw. – wird dies in der Lernumgebung sichtbar, erleben sich Lernys als selbstwirksam, usw.

Für das Design unserer Hochschullehre können wir noch einen Schritt weiter gehen und der Verwendung von Elementen und Prinzipien das Modell eines bewährten Bauplans an die Hand geben.

Modell(e)

Das hier vorgestellte Bauplanmodell kommt von Schell (2015), einem Game-Designer. Natürlich existieren viele andere Baupläne (Hunicke et al., 2004; Machuca-Villegas und Gasca-Hurtado 2019). Wir wählen den von Schell aus, weil wir damit seit Jahren selber arbeiten und gute Erfahrungen gesammelt haben. Der Bauplan umfasst vier Komponenten,

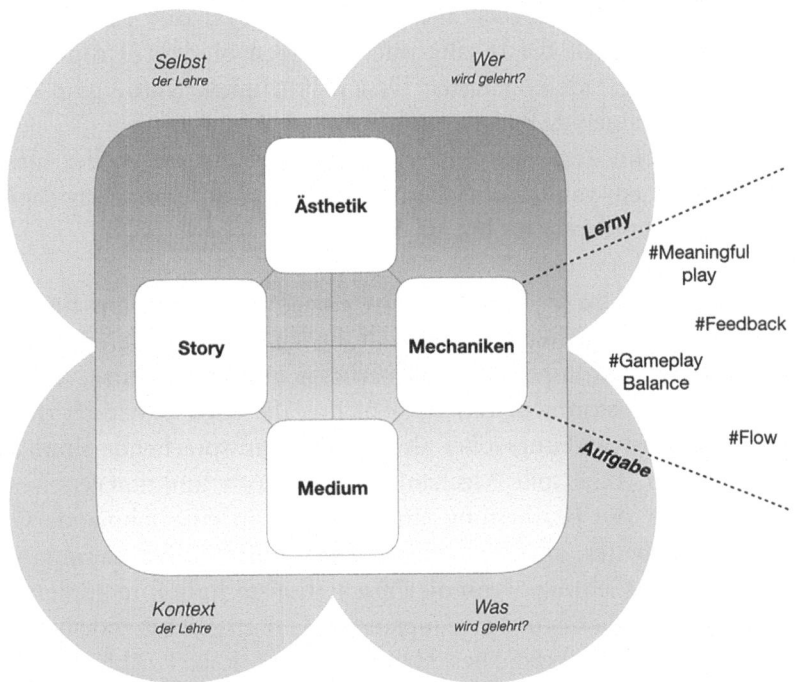

Abb. 3.4 Bauplan nach Schell (2015)

die stimmig aufeinander abzustimmen sind (Abb. 3.3). Story, Ästhetik, Mechanik und Medium.

- *Story* meint die Geschichte einer gamifizierten Lernumgebung. Die Geschichte kennt eine Mission, eine Ausgangslage und ein Ziel (z. B. „Die Welt retten"; „Ein Drehbuch schreiben"), benennt Protagonistys und Gegenspielys und beinhaltet mögliche Handlungsverläufe. Die Geschichte kann einfach, aber auch komplex sein.
- *Ästhetik* meint alles, was der sinnlichen Wahrnehmung zugänglich ist. Die Ästhetik einer gamifizierten Lernumgebung, ihre Räume, Gegenstände und Requisiten sind so zu designen, dass sie zum Plot der Story passen und die Sinne der Lernys ansprechen. Comenius lässt grüßen.

- *Mechanik* meint bei Schell alles, was die Lernys einer gamifizierten Lernumgebung an die Inhalte und Aufgaben bindet. Darunter fallen u. a. die gerade erläuterten Design-Prinzipien. Meaningful Play, Feedback, Gameplay Balance und Flow.
- *Medium* meint alles, was an technologischer und materieller Infrastruktur für ein gamifiziertes Lernen benötigt wird (vom Blatt Papier über HDMI-Adapter bis hin zur Stoppuhr).

Schell's Bauplan (*siehe Tool*) gibt uns einen wichtigen Tipp für den Hausbau: Für die erfolgreiche Gestaltung einer Gamifizierung ist es wichtig, alle vier Komponenten zu berücksichtigen und diese sinnvoll aufeinander abzustimmen. Eine Geschichte, die auch ästhetisch transportiert wird, ist wirkungsvoller als eine ohne entsprechende sinnliche Repräsentation. Eine tolle Mechanik ist ggf. noch funktionaler, wenn der Grund für die Bearbeitung einer Aufgabe in eine rahmende Geschichte eingebettet ist. Die Ästhetik einer Auftragsfolie kommt nur dann zur vollen Geltung, wenn die Präsentationstechnik funktioniert.

In Abb. 3.3 haben wir den Bauplan der Gamifizierung zudem noch mit dem Modell Professionellen Handelns (siehe Kap. 1, Abb. 2.2) unterlegt. Während Schell's vier Komponenten den *Zusammenhang* der Gamifizierung deutlich machen, betont das unterlegte Modell Professionellen Handelns, dass die Gamifizierung dabei relevante Inhalte, Lernyvoraussetzungen, Kontextbedingungen sowie das eigene Lehrverständnis zu berücksichtigen hat. Gamifizierung wird damit zu einer anspruchsvollen Denkoperationen. Game Thinking (*siehe Glossar*) beinhaltet ein Durchdenken der Lehre auf mehreren zusammenhängenden Ebenen. Als nächstes interessiert uns die Frage, ob Gamifizierung hält, was sie verspricht. Die Antwort auf die Frage fällt differenziert aus.

3.3 Funktioniert Gamifizierung

Gamifizierung bezeichnet ein Konzept zur Gestaltung von Lernumgebungen. Das Konzept zielt darauf ab, Lernen als freudvolles Erleben und Erfahren zu kreieren und dabei institutionell vorgegebene Inhalte und Ziele des Lernens pädagogisch sinnvoll zu kontextualisieren.

Konzeptionell kann Gamifizierung damit dem Bereich der Didaktik zugeordnet werden, verstanden als „das wissenschaftliche Nachdenken und Kommunizieren über Lehren und Unterrichten" (Treml 2000, S. 82). In praktischer Hinsicht fällt Gamifizierung in den Bereich der Methodik, die mit der konkreten Umsetzung didaktischer Konzepte befasst ist.

Im Kontext didaktisch-methodischer Fragen nach dem *Wie* des Lehrens erweitert Gamifizierung das Portfolio bestehender Modelle und Vorgehensweisen. Auffällig ist dabei die empirische Aufgeschlossenheit gamifizierter Lehr-Lern-Ansätze. Mit Blick auf die internationale Forschungslage sticht hervor, dass Gamifizierung neben konzeptionell ausgerichteten Publikationen vor allem empirische Wirkungsstudien stimuliert. In diesen interessiert sich Gamifizierung für die Effekte des eigenen Handelns. Was sagen die Daten?

Zeybek & Saygı (2023) ermitteln auf der Basis von 252 inhaltsanalytisch ausgewerteten Einzelstudien aus dem Zeitraum 2000 bis 2021 die Studienschwerpunkte zur Gamifizierung. Die Ergebnisse zeigen u. a., dass Studien zur Gamification mehrheitlich im Kontext von Hochschullehre durchgeführt werden und sich dabei in erster Linie Fragen der Wirkung gamifizierter Lernumgebungen auf Motivation und Leistung widmen. Zur Frage nach der Wirkung gamifizierter Lernumgebungen existiert eine solide Datenbasis.

Vor allem Meta-Analysen und Systematische Reviews zeichnen ein empirisch gehaltvolles und differenziertes Bild zu Wirkungsfragen. Das Review von Manzano-León et al. (2021) ermittelt auf der Basis von 14 Studien mehrheitlich positive Auswirkungen der Gamifizierung, insbesondere in Bezug auf die Steigerung der Motivation. Das wesentlich umfangreichere, 113 Artikel nach dem Post-Screening umfassende Review von Lampropoulos et al. (2022) bestätigt den positiven Einfluss von Gamifizierung auf „engagement, motivation, active participation, knowledge acquisition, focus, curiosity, interest, enjoyment, academic performance, and learning outcomes" (ebd., S. 28).

Majuri et al. (2018) ermitteln auf der Grundlage von 128 Studien im Bereich Bildung und Lernen in der Mehrzahl positive Effekte der Gamifizierung. In den meisten Studien bestand die Gamifizierung in konzeptioneller Hinsicht in der Anwendung von Punkten, Ranglisten und Abzeichen. Positive Effekte finden sich vor allem in Bezug auf Engagement, Motivation und wahrgenommene Nützlichkeit. Die Meta-Analyse von Bai et al. (2020) für den Hochschulkontext kommt zu einem ähnlichen Gesamtbefund: Auf der Basis von Ergebnissen aus 30 unabhängigen Interventionen, die gamifizierte mit nicht-gamifizierten Lernumgebungen verglichen haben, ermitteln die Autorys einen Effekt mittlerer Stärke (Hedges' $g = 0{,}504$) zugunsten gamifizierter Lernumgebungen auf die Lernleistung von Studentys. Als Gründe für die positive Wirkung von Gamifizierung konnten dabei u. a. die Förderung der Aufmerksamkeit auf zielrelevante Aktivitäten sowie Anerkennung durch Feedback identifiziert werden.

Neben positiven Befunden sind in der Literatur auch zahlreiche negative und nicht-intendierte Befunde dokumentiert (Diefenbach und Müssig 2018; Hamari et al. 2014). In der 3202 Teilnehmys umfassenden Meta-Analyse von Bai et al. (2020) werden zwei „major dislikes" der Gamifizierung identifiziert: 1. Die Erzeugung von Angst und Eifersucht. 2. Die fehlende stimmige Einbettung gamifizierter Elemente in den Lernkontext. Darüber hinaus zeigt sich in Überblicksarbeiten, dass der isolierte Einsatz von Design-Elementen die positiven Effekte der Gamifizierung limitieren kann (Lampropoulos et al. 2022; Manzano-León et al. 2021). Schließlich weisen zahlreiche Reviews und Meta-Analysen auf methodische Probleme hin. Es fehlt an längsschnittlich angelegten Erhebungen (Bai et al. 2020); zahlreiche Einzelstudien lassen „rigorous methodologies" (Hamari et al. 2014, S. 3209) vermissen.

Insgesamt zeigt sich somit in Bezug auf Wirkungsfragen der Gamifizierung ein differenziertes Bild. Sie ist weder Universallösung noch Bullshit (Bai et al. 2020). Evaluationen legen nahe, dass der Erfolg ihrer Anwendung vom konkreten Einzelfall und Kontext abhängig ist. Ungeachtet konkreter Befunde beachtenswert ist das Interesse der Gamifizierung an Evaluation. Gamifizierung stellt sich in vielen Fällen der fortlaufenden Analyse eigener Wirkungen und erzeugt damit systematisch Einsicht durch Verfahren.

Darin ähnelt Gamifizierung ihrem Bezugsphänomen: Wie das Feedback im Game, bildet Evaluation ein Feedback für Gamifizierung. Sie ist Anlass für Entwicklung und Lernen. Das Lernen aus Fehlern inbegriffen. Genau diese Orientierung an Verfahren der Selbstüberprüfung weist Gamifizierung als professionelle pädagogische Praxis aus (Koerner und Staller 2021b). Für pädagogisch-didaktische Lehr-Lern-Ansätze in der Hochschullehre ist die Bereitschaft zur Überprüfung eigener Wirkungen begrüßenswert.

3.4 Upgrade: Narrative Gamifizierung

Es war einmal...-Erzählungen und das Erzählen von Geschichten sind zentraler Bestandteil menschlichen Lebens. Geschichten fesseln uns. Sie bringen Ereignisse in einen Zusammenhang und helfen uns dabei, uns in der Welt und den Geschehnissen um uns herum zu verorten. Das ist grundlegend menschlich (McAdams 1997). Gamifizierung lässt sich damit upgraden zur *Narrativen Gamifizierung* (Körner 2024). Gucken wir uns die Funktion und Bedeutung von Erzählungen kurz etwas genauer an. Als „Story" tauchen sie in der Literatur ja erst einmal als ein Element der Gamifizierung zwischen anderen auf z. B. (Schell 2009), das für die Gestaltung genutzt werden kann. Warum wird ihnen also hier die Upgrade-Funktion zugewiesen?

Narrative bieten dem Spielen und den Spielenden einen erzählerischen Bezugspunkt. *Narrative Gamifizierung* (Körner 2024) erhebt diesen erzählerischen Rahmen und dessen Einbindung in die übrigen Bausteine zum richtungsweisenden Prinzip für die praktische Ausgestaltung der Gamifizierung. Die Story ist damit nicht nur ein Baustein neben anderen, sondern bildet den zentralen Ausgangspunkt und Rahmen, der sich durch alle übrigen Gestaltungsparameter durchzieht.

Für diese Gewichtung gibt es einen Grund. Denn Narrative setzen einen Sinnhorizont und rücken Ereignisse in einen Zusammenhang. Geschichten spielen eine wesentliche Rolle im menschlichen Leben und Handeln. Erzählungen bieten Sinn für Handeln und Gedanken (McAdams 1997). Mit ihnen betten wir Geschehnisse und Handlungen in einen Zusammenhang ein. Erzählungen rufen Emotionen und Aufmerksamkeit hervor, ziehen in ihren Bann und vermitteln Information und Wissen. Es geht in Erzählungen vielleicht gerade nicht nur um einen einzelnen Sachverhalt; stattdessen rückt die Erzählung den Zusammenhang der Ereignisse und Handlungen in den Vordergrund. Ob eine Geschichte auf wahren Begebenheiten beruht oder völlig frei erfunden ist, ist für die Narrativierung an dieser Stelle erst einmal nachrangig. Es kann gute Gründe für beides geben, worauf im späteren Verlauf eingegangen wird. Die grundlegende Idee der Narrativierung ist Folgende: Narrative durchziehen und rahmen die gamifizierten Lehr-Lernprozesse und bieten einen (hoffentlich) spannenden Anschlusspunkt für Lesende – wenngleich es unterschiedliche Auffassungen dazu gibt, inwieweit die Erzählung oder das Spielen vordergründig sind oder sein sollten z. B. vgl. (Arsenault 2006; Jenkins 2007).

Narrative *erzählen von einem Ereignis* oder einer Reihe von Ereignissen in einem Zeitverlauf (Abbott 2008) (S. 13). Körner (2024) greift beispielsweise in seinem Lehrkonzept die Corona-Pandemie als erzählerischen Ausgangspunkt auf: *Die Corona-Pandemie bedroht die Lehre und stellt das train2fight Team vor neue Herausforderungen.* So oder so ähnlich ließe sich die Storyline runterbrechen. Die Ereignisse, die erzählt werden, haben einen zeitlichen und sozialen Zusammenhang. Und sie können – wie in diesem Fall – einen gewissen Aufforderungscharakter mit einbringen: *Trainiert und bewältigt die Herausforderung gemeinsam!* Narrative spielen sich in die Gamifizierung von Lernsituationen ein und kommen besonders im *Meaningful Play* zur Geltung: Sie kontextualisieren das Geschehen innerhalb der Gamifizierung erzählerisch – zumindest potenziell. Mit der vorrangigen Orientierung an Narrativierung erhält die Gamifizierung also eine spezifische Konfiguration.

In der Wissenschaft spielen Narrative (*siehe Glossar*) aus unterschiedlichen Perspektiven und in verschiedenen Disziplinen eine Rolle. Aus evolutionstheoretischer Sicht beispielsweise bietet Storytelling die Möglichkeit, Informationsbedarfe mit geringem Aufwand und Risiko verständlich wiederzugeben. Wir müssen dazu die reale Situation der Erzählung nicht selbst durchleben (Sugiyama 2001). Schließlich macht die Erzählung ihren eigenen (Welt-) Zusammenhang auf. Im Bereich der Kommunikationswissenschaft ist beispielsweise die Überzeugungskraft von narrativen Kommunikationen ein Untersuchungsgegenstand (de Graaf et al. 2012; Murphy et al. 2013), der auch mit der Möglichkeit zur Identifikation mit Figuren und Geschehnissen der Story verknüpft ist.

Entscheidend ist für unsere Idee von Narrativer Gamifizierung (*siehe Tool*) vor allem die soziale und individuelle Funktion von Erzählungen. Die Psychologie untersucht zum Beispiel (subjektive) Narrative im Kontext von Biographie, Identitätsentwicklung oder psychischer Gesundheit (Adler et al. 2018); die Netzwerktheorie sieht im Zuge einer narrativen Wende der Sozialwissenschaft (vgl. Schmitt und Fuhse 2015) in Erzählungen Sozialbeziehungen innerhalb eines Kontexts. Dies ist entscheidend für die Konstruktion sozialer Identitäten und zeitlicher Zusammenhänge von Ereignissen (White 2008; White und Godart 2007). Erzählungen knüpfen schließlich an Vergangenem an.

Über Erzählungen lassen sich also auch Erfahrungen kohärent organisieren. Ansätze des narrativen Lernens machen sich das zunutze, indem die narrative Anschlussfähigkeit von *Lern*erfahrungen an die vorherigen Erfahrungen der Lernenden fokussiert wird (Clark und Rossiter 2008). Menschen erzählen Geschichten über sich und die Welt, um Informationen zu verarbeiten und sich selbst zu verorten. Die narrative Gamifizierung setzt an der Bedeutung der Narrativität an. Interessant wird es jetzt bei der Frage, welche Erzählung bei der Gamifizierung überhaupt erzählt werden sollte – und warum. Für eine narrative Gamifizierung (Körner 2024) benötigt es nämlich Bezüge (*siehe Glossar*) für Erzählungen.

Video- und Computerspiele verfügen über sehr unterschiedliche Stories. Und die Bedeutung der Story für das Spielerlebnis variiert ebenso. Sie kann zum zentralen Eigenmerkmal des Spiels gehören oder ebenso ein unbedeutendes Beiwerk sein. Games sind hier sehr unterschiedlich und die Rezeption der Stories durch Spielende mag variieren.

Für die narrative Gamifizierung in der Hochschullehre benötigt es ebenfalls eine Erzählung. In der Regel weicht diese zumindest in Teilen von der Hochschulrealität in irgendeiner Weise ab. Die Wahl narrativer Bezüge für die Gamifizierung ist voraussetzungsreich – zumindest, wenn sie dem Anspruch an Professionalität genügen soll (siehe Kap. 1). Denn gemäß dem Modell Professionellen Lehrens (Abb. 2.2) berücksichtigt die Entscheidung für ein bestimmtes Narrativ im Besten Fall nicht nur das eigene Interesse oder die eigenen Wünsche der Lehrenden in der Selbst-Dimension, sondern darüber hinaus weitere Entscheidungsparameter. Wenn ein Dozent total empfänglich für Fantasy-Literatur ist, heißt das nicht unbedingt, dass Fantasy-Narrative alle seine Studentys abholen oder diese Narrative zu den Inhalten passen. Eine Story fesselt nicht per se. Sie kann auch gegenteilig wirken, wenn Lernende keinen Anschluss finden, die Erzählung ablehnen oder es vielleicht einfach zu sehr irritiert, im Seminarraum zu sitzen und plötzlich eine unerwartete Wendung á la „Es war einmal…" vorgesetzt zu bekommen. Darüber hinaus kann eine Geschichte unterschiedlich interpretiert werden z. B. (Yeshurun et al. 2017).

Narrative Gamifizierung ist kein Erfolgsgarantie-Upgrade. Die Entscheidung zur Gestaltung sollte stattdessen gut begründet sein. Am Modell Professionellen Lehrens lassen sich verschiedene Fragen und Bezugspunkte ausdeklinieren (Körner 2024). Entlang dieser Dimensionen lassen sich Narrative für die eigene Hochschullehre erproben und begründen. Für die Gestaltung von ‚erfolgreichen' im Sinne von packenden, aufmerksamkeitsgenerierenden und kohärenten Stories und einzelnen Schritten bei der Entwicklung von Erzählungen (für Games) gibt es darüber hinaus diverse Werke, die sich sowohl mit Videospielen als auch anderen Formaten von Narrativen befassen. Mit Blick auf unser Modell Professioneller Lehre bieten sich folgende Bezüge zur Prüfung narrativer Potenziale an:

- *Selbst-Dimension der Lehre*: Welche Narrative sprechen dich an oder welche Narrative bringst du persönlich mit? Inwieweit kannst du die Narrative auch überzeugend, authentisch, kompetent und sinnvoll mit deiner Rolle als Lehry verknüpfen?
- *Kontext-Dimension der Lehre*: Inwieweit spielen Narrative im Lehrkontext schon eine Rolle? Handelt es sich z. B. um eine bestimmte Fachrichtung, eine spezifische Wissenschaftscommunity oder hat die Hochschule ein oder mehrere Leitvorstellungen oder gar Legenden? Gleichzeitig setzt die Hochschule einen formalen Rahmen für das, was in der Lehre möglich ist mit Prüfungsordnungen, Modulen und Co. Der Kontext lässt sich allerdings auch weiter greifen: Gesell-

schaftlich verbreitete und aktuelle Narrative bilden ebenfalls mögliche Bezugspunkte. Eine entspannte, routinierte Lehre wird plötzlich irritiert, wenn Corona um die Ecke kommt und Kontakte reduziert bis limitiert. Manche Themen und Erzählungen spielen deshalb womöglich gesamtgesellschaftlich eine Rolle und lassen sich in der Lehre narrativ einbinden, wenn das sinnvoll erscheint (Körner 2024).

- *Was-Dimension der Lehre*: Die Hochschullehre umfasst Inhalte. Das kennzeichnet die Was-Dimension im Modell professionellen Lehrens. Die gewählten Narrative und die Inhalte der Lehre sollten kompatibel sein – was auch immer das heißt. Denn das Lernziel konzentriert sich weiterhin auf die Inhalte der Lehre, auch wenn Lernende vermutlich aus der Erzählung ebenfalls etwas mitnehmen. Messen muss sich die Lehre dennoch am Lernen gemäß den Lernzielen. Inhalte dafür ergeben sich meistens aus Modulhandbüchern, Studienplänen oder ähnlichem. Aus ihnen erwachsen ebenfalls Narrative: ECTS-Punkte, Studieren, Professionalisierung für das Berufsleben, berufliche Profilbildung etc. Je nach Fach und subjektiver Relevanzsetzung ergeben sich konkrete Ansatzpunkte, die den erzählerischen (subjektiven) Zusammenhang für Kurse oder Inhalte bilden. Im Lehramtsstudium wird beispielsweise regelmäßig auf das Bild einer reflektierten Praxis (Schön?) zurückgegriffen als Ankerpunkt und Zielperspektive für reflektierte Praktiker*innen, was als mögliches Leitbild auch erzählerisch aufgegriffen werden kann. Für die Entscheidung sollte auf dieser Ebene beachtet werden, welche Narrative Lehrinhalte im Kontext der Hochschullehre mitbringen und inwiefern man die narrative Gamifizierung dazu sinnvoll nehmen kann (Körner 2024).
- *Wer-Dimension der Lehre*: Allerdings bringt nicht nur der Inhalt der Lehre ggf. eigene Narrative mit, sondern auch die Zielgruppe. In der Wer-Dimension sind die Bedürfnisse, Wünsche und Voraussetzung der Studierenden als Zielgruppe der Hochschullehre entscheidend. Studierende bringen ihre eigenen Erzählungen über sich als Person und ihre Rolle an der Hochschule oder in diesem einen Kurs mit. Auch die Motive für das Studieren mögen sich unterscheiden: Beispielsweise werden in einer Studie von Keppens et al. (Keppens et al. 2023) mit belgischen Studienanfänger:innen eines Soziologiekurses Motive für das Studium in den unterschiedlichen Kategorien der

ökonomischen Perspektive, persönlichen Weiterentwicklung und dem Bezug zum eigenen sozialen Background festgemacht. Darüber hinaus bringen Studierende eigene Interessen mit, die narrative Gamifizierung potenziell bedienen oder verfehlen kann. Diese Frage richtet sich also auf die subjektive Lebenswelt und Hochschulwelt der Studierenden, deren didaktische Relevanz betont wird (Wespi und Senn Keller 2014) und die in Narrativen bei der Gamifizierung aufgegriffen werden kann.

- *Wie-Dimension der Lehre*: Möglicherweise bringen bestimmte Methoden auch passende Ansätze für Narrative mit. Vor allem sollten die gewählten Methoden der Gamifizierung und der Vermittlung zu den Narrativen passen. Es wirkt zumindest diskutabel, wenn ein Narrativ von einem Held*innenteam mit verschiedenen Fähigkeiten erzählt, und die Aufgaben von Studierenden dann ausschließlich in absoluter Einzelarbeit durchlebt werden. Auf methodischer Ebene ist deshalb zu reflektieren, welche Methoden in der Hochschullehre mit der narrativen Gamifizierung mit welchem Zweck sinnvoll zum Einsatz kommen, ob sie anschlussfähig an die übrige Gestaltung sind und vor allem, wie sie sich ins Narrativ einpassen.

Geschichten fesseln, hieß es weiter oben – zumindest liegt darin die Grundidee, wenn sich narrative Gamifizierung zur Transformation der Lehre einmischt. Das Potenzial von Narrativen liegt in der Aufforderung zur Interaktion mit und im Spiel sowie der Möglichkeit zur Immersion durch die Story. In der Spielwelt entscheidet die Handlung des Spielenden etwas: Sie hat Effekte und das Spiel fordert dazu auf, aktiv zu sein und in dieser Spielwelt zu wirken. Auf Basis der Selbstbestimmungstheorie werden unter anderem hier Potenziale von Videospielen begründet (siehe Kap. 2). Beispielsweise wird in dem Held*innenkontext der virtuellen Welt von Videospielen aus Sicht der Selbstbestimmungstheorie das Potenzial gesehen, die Internalisierung des Lernens und die intrinsische Regulation des Handelns zu fördern (Rigby und Przybylski 2009). Das Immersionspotenzial von Videospielen, Spielende in eine ‚authentische', virtuelle Spielwelt zu setzen und sie dort wirken zu lassen, wird als zentraler Aspekt für das motivierende

Potenzial von Videospielen gesehen (Przybylski et al. 2010; Ryan et al. 2006). In Rollenspielen und Spielen mit vielen Entscheidungsspielräumen wird die Möglichkeit zur Identifikation besonders evident.

Abschließend möchten wir noch auf einen interessanten Punkt bei der Narrativierung hinweisen, der vielleicht in der Hochschullehre auf einen spannenden Gegensatz stößt. So hält Körner (2024) in der Evaluation seiner narrativen Gamifizierung fest, dass Teile seiner Story bei Studierenden zu (später aufgelösten) Verwirrungen geführt haben. Dieses Ergebnis betrifft in der Konsequenz sowohl die Gestaltung der Narrative für sich als auch die Narrative im Kontext von Hochschullehre (vgl. ebd.). Gamifizierung trifft mit der Hochschullehre auf das Wissenschaftssystem, das prinzipiell der Suche nach gesicherten Erkenntnissen (alias ‚Wahrheit') gewidmet ist. Narrative irritieren dieses faktenorientierte Mindset potenziell: Zumindest spielen sie mit pädagogischer Absicht fiktive Inhalte und eine fiktionale Rahmengebung mit ein[2].

Eine Ideallösung gibt es hierfür wohl nicht. Die konkreten Entscheidungen müssen sich an den verschiedenen Dimensionen (Inhalt, Zielgruppe, Methoden etc.) entlang hangeln und die Effekte sensibel berücksichtigen. Ein spannendes Narrativ, das eine Person fesselt und ihr dennoch nicht erschwert, zwischen fiktivem und faktischem Wert unterscheiden zu können (falls gewünscht), mag bei einer anderen Person zu einer verwirrenden Immersion führen, aus der heraus die Unterscheidung womöglich vom Lernen ablenkt. Für die Hochschullehre wirft die Unterscheidung von Fiktion und Faktischem eine Herausforderung auf, die in der konkreten Gestaltung zu bearbeiten und evaluieren ist: Wie steht es um das Verhältnis von Narrativität und Faktizität im wissenschaftlichen (Lehr-)Kontext? Das zentrale Ziel bleibt das Lernen im Rahmen der hochschulcurricularen Anforderungen. Die Gamifizierung hat sich deshalb am Erreichen dieses Ziels zu messen und einzupassen in den konkreten, situativen Rahmen.

---

[2] In der Literaturtheorie sieht Kablitz (Kablitz 2013, 2014) deshalb das Eigenmerkmal von Fiktionalität darin, dass ein fiktionaler Text „von der ansonsten geltenden Verpflichtung ausgenommen ist, Aussagen über Faktisches zu machen" (Kablitz 2014) S. 95. Seine Inhalte können sich sowohl auf faktische als auch fiktive Sachverhalte beziehen.)

Das Rattern der Köpfe im Lehrsaal 0815 ist wahrnehmbar. Mo, Linda, Daniel und Prof.'in Ami Sellig denken über das Gesagte nach. ChatPTC nicht. Der Bot fragt sich derweil, was passieren würde, wenn 100 Leute mit Fallschirmen aus einem Bus über einer Insel abspringen würden und dabei mächtig lustige Klamotten anhätten…

Basti Seitenberger: Joah…. Hehe… Jo mei. I hoffe euer Investmend hoat sich geloant … hehe…
Na M. Sepur: Es wird sich auszahlen keine Sorge. Probiert euch aus….
Prof.'in Ami Sellig: Vielen Dank ihr beiden. Eure Einsichten haben uns sehr geholfen. Damit können wir Daniel sicherlich helfen, sein Lehrkonzept zu erstellen.
Daniel Gilles: Danke. Isch fre misch so…
Linda: Spielen und Lernen, das macht Sinn. Jetzt haben wir was für dich, Daniel. Da kommt bestimmt auch was für mich bei rum. Ich bin so aufgeregt.
Mo: Und auch für mich hoffentlich. Bevor ich vor Frust nur noch den Bot meine Lehre schreiben lasse.
ChatPTC: Leere Schreiben. Ha Ha. Das ist lustig. Mo gewinnt einen Punkt und liegt jetzt gleichauf mit Linda.
Na M. Sepur: Dann sind wir mal weg. Und nicht vergessen. Investiert regelmäßig in Menschen, Organisation und
Alle: Kryptowährungen!
Basti Seitenberger: joah…he he… ihr hoabt es droaf… Wir sehen uns. Hehe… Veni, Vidi, …
Alle: Seitenberger!

Die Euphorie im Seminarraum 0815 wird nur durch ein leises „Klick" etwas gebremst. Die Uhr über der Tür springt um. 17.23 Uhr.

Literatur

Abbott, H. P. (2008). *The Cambridge Introduction to Narrative* (2. Aufl.). Cambridge University Press. https://doi.org/10.1017/CBO9780511816932

Adler, J. M., Waters, T. E. A., Poh, J., & Seitz, S. (2018). The nature of narrative coherence: An empirical approach. *Journal of Research in Personality, 74*, 30–34. https://doi.org/10.1016/j.jrp.2018.01.001

Anastasiadis, T., Lampropoulos, G., & Siakas, K. (2018). Digital Game-based Learning and Serious Games in Education. *International Journal of Advances in Scientific Research and Engineering*, 4(12), 139–144. https://doi.org/10.31695/ijasre.2018.33016

Anderie, L. (2023). Serious Games und Gamification. In L. Anderie, *Games Industry Management, Gründung, Strategie und Leadership – Theoretische Grundlagen* (pp. 575–598). Springer Gabler. https://doi.org/10.1007/978-3-662-65728-7_17

Arsenault, D. (2006). *Narration in the Video Game*. University of Montreal.

Blanch, A., García, H., Llaveria, A., & Aluja, A. (2017). The Spearman's law of diminishing returns in chess. *Personality and Individual Differences*, 104, 434–441. https://doi.org/10.1016/j.paid.2016.09.003

Bong, M., & Skaalvik, E. M. (2003). Academic Self-Concept and Self-Efficacy: How Different Are They Really? *Educational Psychology Review*, 15(1), 1–40.

Buckley, P., & Doyle, E. (2016). Gamification and student motivation. *Interactive Learning Environments*, 24(6), 1162–1175. https://doi.org/10.1080/10494820.2014.964263

Butler, N., & Spoelstra, S. (2023). "You just earned 10 points!": Gaming and grinding in academia. *Organization*, 135050842211455. https://doi.org/10.1177/13505084221145589

Brown, S., & Vaughan, C. (2010). *Play: How it shapes the brain, opens the imagination, and invigorates the soul*. Penguin Publishing.

Buck, M. F. (2017). Gamification von Unterricht als Destruktion von Schule und Lehrberuf. *Vierteljahrsschrift Für Wissenschaftliche Pädagogik*, 93(2), 268–282. https://doi.org/10.30965/25890581-093-02-90000005

Csíkszentmihályi, M. (1985). *Das Flow-Erlebnis. Jenseits von Angst und Langweile: Im Tun aufgehen*. Klett-Kotta.

Clark, M. C., & Rossiter, M. (2008). Narrative learning in adulthood. *New Directions for Adult and Continuing Education*, 2008(119), 61–70. https://doi.org/10.1002/ace.306

Connolly, T. M., Boyle, E. A., MacArthur, E., Hainey, T., & Boyle, J. M. (2012). A systematic literature review of empirical evidence on computer games and serious games. *Computers & Education*, 59(2), 661–686. https://doi.org/10.1016/j.compedu.2012.03.004

Coyle, D. (2009). *The Talent Code*.

de Graaf, A., Hoeken, H., Sanders, J., & Beentjes, J. W. J. (2012). Identification as a Mechanism of Narrative Persuasion. *Communication Research*, *39*(6), 802–823. https://doi.org/10.1177/0093650211408594

Dicheva, D., Irwin, K., & Dichev, C. (2018). Motivational Factors in Educational Gamification. 408–410. https://doi.org/10.1109/icalt.2018.00102

Diefenbach, S., & Müssig, A. (2018). Counterproductive effects of gamification: An analysis on the example of the gamified task manager Habitica. *International Journal of Human-Computer Studies*, *127*, 190–210. https://doi.org/10.1016/j.ijhcs.2018.09.004

Glerum, J., Loyens, S. M. M., Wijnia, L., & Rikers, R. M. J. P. (2019). The effects of praise for effort versus praise for intelligence on vocational education students. *Educational Psychology*, *40*(10), 1–17. https://doi.org/10.1080/01443410.2019.1625306

Grabner-Hagen, M. M., & Kingsley, T. (2023). From Badges to Boss Challenges: Gamification through Need-Supporting Scaffolded Design to Instruct and Motivate Elementary Learners. *Computers and Education Open*, 100131. https://doi.org/10.1016/j.caeo.2023.100131

Groening, C., & Binnewies, C. (2021). The More, the Merrier? – How Adding and Removing Game Design Elements Impact Motivation and Performance in a Gamification Environment. *International Journal of Human–Computer Interaction*, 1–21. https://doi.org/10.1080/10447318.2020.1870828

Gunderson, E. A., Gripshover, S. J., Romero, C., Dweck, C. S., Goldin-Meadow, S., & Levine, S. C. (2013). Parent Praise to 1- to 3-Year-Olds Predicts Children's Motivational Frameworks 5 Years Later. *Child Development*, *84*(5), 1526–1541. https://doi.org/10.1111/cdev.12064

Hanham, C. B. L. J., Leppink, J., & Hanham, J. (2019). *Instructional Design Principles for High-Stakes Problem-Solving Environments*. Springer Nature.

Headrick, J., Renshaw, I., Davids, K., Pinder, R. A., & Araújo, D. (2015). The dynamics of expertise acquisition in sport: The role of affective learning design. *Psychology of Sport and Exercise*, *16*(p1), 83–90. https://doi.org/10.1016/j.psychsport.2014.08.006

Hattie, J., & Timperley, H. (2007). The Power of Feedback. *Review of Educational Research*, *77*(1), 81–112. https://doi.org/10.3102/003465430298487

Jenkins, H. (2007). Game Design as Narrative Architecture. *Computer*, *44*, 118–130

Juul, J. (2013). *The art of failure an essay on the pain of playing video games*. MIT Press.

Kablitz, A. (2013). *Kunst des Möglichen: Theorie der Literatur* (1. Aufl). Rombach.
Kablitz, A. (2014). Referenz und Fiktion. In M. Fludernik & D. Jacob (Hrsg.), *Linguistics and Literary Studies / Linguistik und Literaturwissenschaft* (S. 93–126). DE GRUYTER. https://doi.org/10.1515/9783110347500.93
Kalogiannakis, M., Papadakis, S., & Zourmpakis, A.-I. (2021). Gamification in Science Education. A Systematic Review of the Literature. *Education Sciences, 11*(1), 22. https://doi.org/10.3390/educsci11010022
Kapp, K. M. (2012). *The Gamification of Learning and InstructionGame-Based Methods and Strategies for Training and Education.* Pfeiffer.
Kantak, S. S., & Winstein, C. J. (2012). Learning–performance distinction and memory processes for motor skills: A focused review and perspective. *Behavioural Brain Research, 228*(1), 219–231. https://doi.org/10.1016/j.bbr.2011.11.028
Kazemi, F., Yektayar, M., & Abad, A. M. B. (2012). Investigation the impact of chess play on developing meta-cognitive ability and math problem-solving power of students at different levels of education. *Procedia – Social and Behavioral Sciences, 32*, 372–379. https://doi.org/10.1016/j.sbspro.2012.01.056
Keppens, G., Boone, S., Consuegra, E., Laurijssen, I., Spruyt, B., & Droogenbroeck, F. V. (2023). First-Generation College Students' Motives to Start University Education: An Investment in Self- Development, One's Economic Prospects or to Become a Role Model? *YOUNG, 31*(2), 142–160. https://doi.org/10.1177/11033088221139393
Klippert, H. (2017). *Heterogenität im Klassenzimmer. Wie Lehrkräfte effektiv und zeitsparend damit umgehen können.* Beltz.
Kogan, V. V. (2023). Gamification and game-based learning – An overview and application to language teaching. In S. V. Nuss & V. V. Kogan, *Dynamic Teaching of Russian – Games and Gamification of Learning* (pp. 17–35). Routledge. https://doi.org/10.4324/9781003369721-3
Korn, O., Schulz, A. S., & Hagley, B. J. (2022). Digitale Lernwelten – Serious Games und Gamification, Didaktik, Anwendungen und Erfahrungen in der Beruflichen Bildung. In *Digitale Lernwelten – Serious Games und Gamification* (pp. 43–63). https://doi.org/10.1007/978-3-658-35059-8_4
Körner, S. (2024). *Narrative Gamifizierung in der sportwissenschaftlichen Hochschullehre Konzeption—Durchführung—Evaluation* (1. Auflage). Nomos.
Kwon, H. Y., & Özpolat, K. (2020). The Dark Side of Narrow Gamification: Negative Impact of Assessment Gamification on Student Perceptions and

Content Knowledge. *INFORMS Transactions on Education.* https://doi.org/10.1287/ited.2019.0227

Landers, R. N., Armstrong, M. B., & Collmus, A. B. (2017). *Serious Games and Edutainment Applications, Volume II.* 457–483. https://doi.org/10.1007/978-3-319-51645-5_21

Le, S., Weber, P., & Ebner, M. (2013). Game-Based Learning. Spielend Lernen? In *Lehrbuch für Lernen und Lehren mit Technologien.* epubli.

Lex, H., Simon, M., & Schwab, S. (2022). Insights into the application of soccer-specific actions in established and new game forms of youth soccer. *German Journal of Exercise and Sport Research, 52*(1), 168–172. https://doi.org/10.1007/s12662-021-00748-0

Limeri, L. B., Carter, N. T., Choe, J., Harper, H. G., Martin, H. R., Benton, A., & Dolan, E. L. (2020). Growing a growth mindset: characterizing how and why undergraduate students' mindsets change. *International Journal of STEM Education, 7*(1), 35. https://doi.org/10.1186/s40594-020-00227-2

McAdams, D. P. (1997). *The stories we live by. Personal myths and the making of the self.* Guilford Press.

Murphy, S. T., Frank, L. B., Chatterjee, J. S., & Baezconde-Garbanati, L. (2013). Narrative versus Nonnarrative: The Role of Identification, Transportation, and Emotion in Reducing Health Disparities: Narrative vs. Nonnarrative. *Journal of Communication, 63*(1), 116–137. https://doi.org/10.1111/jcom.12007

Nuss, S. V., & Kogan, V. V. (2017). *Gamification and Game-Based Learning.* Routledge. https://doi.org/10.1177/0047239516665105

Ortiz-Rojas, M., Chiluiza, K., & Valcke, M. (2019). Gamification through leaderboards: An empirical study in engineering education. *Computer Applications in Engineering Education, 27*(4), 777–788. https://doi.org/10.1002/cae.12116

Przybylski, A. K., Rigby, C. S., & Ryan, R. M. (2010). A Motivational Model of Video Game Engagement. *Review of General Psychology, 14*(2), 154–166. https://doi.org/10.1037/a0019440

Rigby, C. S., & Przybylski, A. K. (2009). Virtual worlds and the learner hero. *Theory and Research in Education, 7*(2), 214–223. https://doi.org/10.1177/1477878509104326

Rowe, E., Asbell-Clarke, J., Baker, R. S., Eagle, M., Hicks, A. G., Barnes, T. M., Brown, R. A., & Edwards, T. (2017). Assessing implicit science learning in digital games. *Computers in Human Behavior, 76,* 617–630. https://doi.org/10.1016/j.chb.2017.03.043

Ryan, R. M., Rigby, C. S., & Przybylski, A. (2006). The Motivational Pull of Video Games: A Self-Determination Theory Approach. *Motivation and Emotion*, *30*(4), 344–360. https://doi.org/10.1007/s11031-006-9051-8

Schell, J. (2009). *The Art of Game Design: A Book of Lenses*. 1–518.

Scully, G. W. (2000). Diminishing Returns and the Limit of Athletic Performance. *Scottish Journal of Political Economy*, *47*(4), 456–470. https://doi.org/10.1111/1467-9485.00173

Seifert, L., Papet, V., Strafford, B. W., Coughlan, E. K., & Davids, K. (2019). Skill transfer, expertise and talent development: An ecological dynamics perspective. *Movement & Sport Sciences – Science & Motricité*, *19*(102), 39–49. https://doi.org/10.1051/sm/2019010

Schmitt, M., & Fuhse, J. A. (2015). *Zur Aktualität von Harrison White: Einführung in sein Werk*. Springer VS.

Sugiyama, M. S. (2001). Narrative Theory and Function: Why Evolution Matters. *Philosophy and Literature*, *25*(2), 233–250. https://doi.org/10.1353/phl.2001.0035

Pallesen, L. (2013). *8 Principles of Good Game Design* (pp. 1–18).

Paschall, E. M. (2015). Videogame Addiction versus Problematic Play?: Which Construct Best Captures the Nature of Excessive Videogame use? *Acta Psychopathologica*, *01*(03). https://doi.org/10.4172/2469-6676.100016

Piaget, J. (2013). *Play, Dreams And Imitation In Childhood*. 225–254. https://doi.org/10.4324/9781315009698-8

Toda, A. M., Klock, A. C. T., Oliveira, W., Palomino, P. T., Rodrigues, L., Shi, L., Bittencourt, I., Gasparini, I., Isotani, S., & Cristea, A. I. (2019). Analysing gamification elements in educational environments using an existing Gamification taxonomy. *Smart Learning Environments*, *6*(1), 16. https://doi.org/10.1186/s40561-019-0106-1

Treml, A. K. (2000). *Allgemeine Pädagogik. Grundlagen, Handlungsfelder, Perspektiven der Erziehung*. Kohlhammer. https://elearning.dshs-koeln.de/pluginfile.php/97535/mod_resource/content/1/Treml2000_Kap3.pdf

Vygotsky, L. S. (1978). *Mind in society: The development of higher psychological processes*. Harvard University Press.

Wespi, C., & Senn Keller, C. (2014). Subjektorientiertes Lernen und Lehren in einer kompetenzorientierten Unterrichtskonzeption. *Haushalt in Bildung & Forschung*, *3*(3), 54–74. https://doi.org/https://doi.org/10.3224/hibifo.v3i3.16667

White, H. C. (2008). *Identity and control: How social formations emerge* (2nd ed.). Princeton University Press.

White, H. C., & Godart, F. C. (2007). Stories from Identity and Control. *Sociologica*, *1*(3), 1–17.

Woodcock, J., & Johnson, M. R. (2018). Gamification: What it is, and how to fight it. *The Sociological Review*, *66*(3), 542–558. https://doi.org/10.1177/0038026117728620

Ybarra, M. L., Mitchell, K. J., & Oppenheim, J. K. (2022). Violent Media in Childhood and Seriously Violent Behavior in Adolescence and Young Adulthood. *Journal of Adolescent Health*, *71*(3), 285–292. https://doi.org/10.1016/j.jadohealth.2022.03.003

Yeshurun, Y., Swanson, S., Simony, E., Chen, J., Lazaridi, C., Honey, C. J., & Hasson, U. (2017). Same Story, Different Story: The Neural Representation of Interpretive Frameworks. *Psychological Science*, *28*(3), 307–319. https://doi.org/10.1177/0956797616682029

Popper, K. (1981). Objective Knowledge: An Evolutionary Approach. Claredon Press.

Piggott, D. (2008). The psychology of "managing mistakes": some implications for coaches and managers. Development and Learning in Organizations: An International Journal, Volume 22(Issue 4), 20–23. https://doi.org/10.1108/14777280810886409

Connolly, T. M., Boyle, E. A., MacArthur, E., Hainey, T., & Boyle, J. M. (2012). A systematic literature review of empirical evidence on computer games and serious games. Computers & Education, 59(2), 661–686. https://doi.org/10.1016/j.compedu.2012.03.004

Ortiz-Rojas, M., Chiluiza, K., & Valcke, M. (2019). Gamification through leaderboards: An empirical study in engineering education. Computer Applications in Engineering Education, 27(4), 777–788. https://doi.org/10.1002/cae.12116

Zeybek, N., & Saygı, E. (2023). Gamification in Education: Why, Where, When, and How?—A Systematic Review. Games and Culture, 155541202311586. https://doi.org/10.1177/15554120231158625

Majuri, J., Koivisto, J., & Hamari, J. (2018). Gamification of Education and Learning. A Review of Empirical Literature. Proceedings of the 2nd International GamiFIN Conference, GamiFIN, (2186), 11-19

Hunicke, R., LeBlanc, M., & Zubek, R. (2004). MDA: A Formal Approach to Game Design and Game Research. In Proceedings of the AAAI Workshop on Challenges in Game AI (Vol. 4, No. 1).

Bai, S., Hew, K. F., & Huang, B. (2020). Does gamification improve student learning outcome? Evidence from a meta-analysis and synthesis of qualitative data in educational contexts. Educational Research Review, 30, 100322. https://doi.org/10.1016/j.edurev.2020.100322

Lampropoulos, G., Keramopoulos, E., Evangelidis, K. D. 1 and G., & Evangelidis, G. (2022). Augmented Reality and Gamification in Education: A Systematic Literature Review of Research, Applications, and Empirical Studies. Appl. Sci., 12. https://doi.org/10.3390/app12136809

Manzano-León, A., Camacho-Lazarraga, P., Guerrero, M. A., Guerrero-Puerta, L., Aguilar-Parra, J. M., Trigueros, R., & Alias, A. (2021). Between Level Up and Game Over: A Systematic Literature Review of Gamification in Education. Sustainability, 13(4), 2247. https://doi.org/10.3390/su13042247

Machuca-Villegas, l. und Gasca-Hurtado, G. P. "Toward a Model based on Gamification to Influence the Productivity of Software Development Teams," 2019 14th Iberian Conference on Information Systems and Technologies (CISTI), Coimbra, Portugal, 2019, pp. 1-6, doi: 10.23919/CISTI.2019.8760813

4
Level 3 – Praxis

Klick. Der Zeiger der großen Uhr über der Tür bewegt sich unerbittlich um den nächsten 60sten Teil einer Stunde nach vorne. 17.26 Uhr. Basti Seitenberger und Na M. Sepur haben den Raum verlassen. Oder besser gesagt: Sie sind aus dem Raum geshuffelt. Die Tanzmoves lassen Mo noch schwer beindruckt zurück. Langsam beginnt dieser das Potenzial der Gamifizierung zu begreifen. Würde man ihn fragen, würde er sich ganz klar mit 2,68 % für Gamifizierung aussprechen. Aber niemand fragt ihn. Prof.'in Ami Sellig ist zufrieden mit dem Ergebnis der Diskussion. Linda hingegen ist… aufgeregt. ChatPTC denkt wieder über die Insel nach. Der Bot fragt sich, was wäre, wenn der Bus jedes mal von einer anderen Richtung über die Insel fliegen würde. Daniel steht am Fenster, als sich seine Hose wieder meldet: „Rrrrrrrr-rrrr-VROOOM…chug-chug-chug-chug".

Linda: Telefon, Daniel. Geh' doch mal ran.
Daniel Gilles: Ja sofort. Muss dat Telefon noch us de Tasche friemeln.

Daniel Gilles zieht das Handy aus der Seitentasche seiner Engelhard Straub Hose. Auf dem Display deutlich zu erkennen: Mia! Genervt drückt er auf „Anruf annehmen".

Daniel Gilles: Un?
Mia: Meint ihr echt, dass ihr so weiterkommt? Nur weil ihr einige Hintergründe zur Gamifizierung kennt, kommt da doch noch kein Lehrkonzept raus. Und ohne Innovatives Lehrkonzept sitz ich bald auf deinem Traktor. Har Har.
Daniel Gilles: Dat wolle mer ma erstmal sehn. Mein Baby bleibt bei mir.
Mia: Denk doch mal nach. Ein Meerschweinchen hat mir gezwitschert, dass ihr zwar wisst, warum und wieso Gamifizierung funktionieren kann. Ihr habt aber immer noch keine Ahnung wie ihr es umsetzen sollt. Und niemand aus euer Selbstheulgruppe weiß darüber was... Der MF gehört mir. *[legt auf]*
Daniel Gilles: Oh nein... net men Baby... meine Massey Furgeson

Während Daniel Gilles verliebt und traurig zugleich nochmal das Bild seiner Massey Furgeson anschaut (siehe Abb. 4.1), hat Prof.'in Ami Sellig bereits eine Idee.

Abb. 4.1 Dem Daniel sein Handy

Prof'in Ami Sellig: Klar hat Mia recht. Selbst haben wir noch keine Gamifizierung umgesetzt. Aber ich kenne da drei Kollegen, die sowas regelmäßig in der Lehre machen. Die drei dürften eh gerade wegen so einer Konferenz zu diesem einen wichtigen Thema hier im Haus sein... Ich ruf' die drei mal an. [zieht das Handy aus der Tasche und tippt die Nummer 0189234098345 ein]
Mo: Ja da bin ich aber gespannt. Es gibt wirklich Leute die Gamifizierung in der Lehre umsetzen. Das glaub ich nicht.
Linda: Ui... Ich bin so aufgeregt.

Keine fünf Minuten später lassen sich Schritte auf dem leeren Gang vor dem Seminarraum 0815 wahrnehmen. Die drei, die regelmäßig gamifizieren sind angekommen.

Prof'in Ami Sellig: Darf ich vorstellen: Benjamin, Swen und Mario. Die Drei, die regelmäßig gamifizieren, könnten euch einmal ihre Lehrkonzepte vorstellen. Vielleicht hilft uns das weiter, um Daniel zu helfen.
Linda: Ist ja klar. Männer, die mir erklären wie es geht. Das ist nicht aufregend.
Mo: Yo, aber ich find die heiß.
ChatPTC: Erhöhe Kühlung des Prozessors um 276 %.
Daniel Gilles: Von wat redet ihr? Dat einzije wat heiß läuft, is meine Massey Ferguson, wenn ich dat Fässje für die Tiere op die Weid fahre.
Prof'in Ami Sellig: Ich darf um etwas mehr Professionalität bitten. Wir sind hier an einer Hochschule. Das ist Ernst – kein Spaß. Also: Benjamin, Swen und Mario, schön, dass ihr so kurzfristig herkommen konntet.
Swen: Ja klar, das machen wir doch gerne. Wir freuen uns darauf euch einiges über unser Lehrkonzepte zu erzählen. Wie wir sie designt haben...
Mario: ... und was wir uns dabei gedacht haben. Und vielleicht können wir euch auch von unseren positiven und negativen Erfahrungen erzählen.
Mo: Negative Erfahrungen... ich wusste es.
Benjamin: Und wir können euch von der Freude im Erstellungsprozess erzählen. Ich würde vorschlagen, dass wir einfach mal drei Lehrkonzepte, die wir durchgeführt haben, darstellen. Und dann könntet ihr ja mal schauen, ob da etwas Inspiration für euch dabei ist.

Swen: Unser Vorschlag wäre, dass wir exemplarisch einmal eine gamifizierte Vorlesung, ein gamifiziertes Seminar und eine gamifizierte Übung beschreiben. Dann hätten wir auch unterschiedliche Organisationsformate abgedeckt.
Mario: Habt ihr Lust drauf?
Daniel Gilles: Ich will meine Massey Ferguson behalten…
Linda: Ein Grund mehr den dreien, die regelmäßig gamifizieren einmal zuzuhören…

Während die drei, die regelmäßig gamifizieren ihren Laptop am Beamer anschließen, um ihre Lehrkonzepte darzustellen, schaut Daniel Gilles auf sein Handy (Abb. 4.1).

4.1 Vorlesungen gamifizieren

Die Hochschullehre besteht aus mehreren Veranstaltungsformen. Vorlesungen sind der Klassiker. Sie haben eine Jahrhunderte alte Tradition. In der Regel sind Vorlesungen deutlich rezeptiver angelegt als z. B. Seminare, Kurse oder Übungen, in denen mehr die Interaktion im Mittelpunkt steht. Ursprünglich wurde in Vorlesungen vorgelesen. Das hört sich trivial an, war aber zumindest hierzulande bis vor einigen Jahren noch formal an die sogenannte Lehrbefähigung, die *venia legendi*, geknüpft. In einem Fach wie Anatomie vorlesen konnte nicht jeder, der an einer Hochschule arbeitet. Man benötigte dafür eine Habilitation – nach der Promotion die zweite wissenschaftliche Arbeit.

Die Befähigung „zu lesen" kommt also ursprünglich aus der wissenschaftlichen Tätigkeit. Wie wir bereits weiter oben festgestellt haben, ist die Lehre von *Inhalten* nolens volens immer auch die *Lehre* von Inhalten. Nach unserer eigenen Erfahrung achten heute gerade die Studentys vermehrt auch auf letztere. Man kann das sicher noch so machen: In einer Vorlesung vorlesen. Das kann interessant, lehrreich und auch unterhaltsam sein. Zugleich aber kann man Vorlesungen auch stärker unter dem Aspekt betrachten, *wie* man hier lehrt. Eine Offerte dazu macht die Gamifizierung.

Mit dem modifizierten Bauplan von Schell ausgestattet (siehe Abschn. 2.2), können wir loslegen und Design-Elemente und Prinzipien der Gamifizierung zu einem stimmigen Vorlesungskonzept aufbauen. Wahlweise können wir uns zusätzlich noch die rahmende Funktion von Narrativen zu Nutze machen. Wichtig ist dabei, dass wir das Design kontextualisieren. Das bedeutet, wir stimmen die Gamifizierung mit den offiziellen Inhalten, Zielen und Prüfungsformaten ab, machen uns Gedanken zu den Voraussetzungen aufseiten unserer Lernys, und überlegen, ob wir ggf. einen Aspekt aus der vorherigen Evaluation modifizieren möchten.

Wie man eine Vorlesung gamifizieren kann, stellen wir jetzt an einem konkreten Beispiel vor. Die Gamifizierung haben wir in der Praxis so durchgeführt. Der Konzeption liegt ein individueller Zugang zur Gamifizierung zugrunde. Das Beispiel möchte lediglich eine Idee davon geben, wie sich der „Bauplan" umsetzen lässt. Gamifiziert wurde die BAS2 Vorlesung *Verhaltens- und Sozialwissenschaftliche Grundlagen* an der Deutschen Sporthochschule Köln.

Bevor wir uns das Design der Gamifizierung genauer angucken, deklinieren wir kurz die wichtigen Bezüge im Sinne des Modells Professioneller Lehre durch (Tab. 4.1). Die Reflexion dieser Bezüge liefert wichtige Orientierungen und Ansatzpunkte für das Vorhaben der Gamifizierung.

Für eine Gamifizierung der BAS2 Vorlesung ist es sinnvoll, das Vorhaben auf mehreren zusammenhängenden Ebenen zu durchdenken und zu kontextualisieren. Das Modell Professionellen Handelns wirbt u. a. dafür, Inhalte und Ziele der BAS2 Vorlesung, Lerny-Perspektiven und die Frage, *wie* hier gelehrt wird, in einem Zusammenhang zu betrachten. Der Ansatz der Gamifizierung zoomt in die für die BAS2 Vorlesung allgemein gehaltene Wie-Dimension hinein. Gamifizierung bietet eine Möglichkeit, den Zusammenhang von Inhalten, Zielen und Lerny-Perspektiven von der *Design-Perspektive* her zu bauen. Die vier Komponenten nach Schell liefern dazu den konkreten Bauplan (siehe Abb. 4.6).

Die für die Gamifizierung der BAS2-Vorlesung zentrale Design-Entscheidung bestand darin, die Story und das Storytelling (*siehe Glossar*) in den Mittelpunkt zu stellen und somit das Potenzial *Narrativer Gamifizierung* (siehe Abschn. 2.4 und Tool) zu nutzen. Die Entscheidung

Tab. 4.1 Vorlesung BAS2 im Spiegel des Modells Professioneller Lehre

Veranstaltung	BAS2 – Verhaltens- und sozialwissenschaftliche Grundlagen des Sports
Kontext-Dimension	Die Vorlesung ist mit 6SWS als Pflichtvorlesung im Basisstudium platziert. Vertreten sind der B.A. *Sport- und Bewegungsvermittlung in Freizeit- und Breitensport*, der B.A. *Sport und Gesundheit in Prävention und Therapie*, der B.A. *Sportmanagement und Sportkommunikation*, der B.A. *Sport und Leistung* sowie der B.A. *Sportjournalismus*. Die Berufsfeldperspektiven reichen somit von Wirtschaft, Medien, Reha- und Freizeitsport bis zum Leistungssport. Laut Modulbeschreibung sollen die Studentys die Kompetenz, „zu einer angemessenen, differenzierten und kritischen Auseinandersetzung mit dem eigenen und dem Verhalten anderer im Handlungsfeld Sport" (DSHS 2021) (S. 1) erwerben. Der Besuch der Vorlesung ist freiwillig, die Prüfung verpflichtend. Sie besteht aus einer Zentralklausur im Multiple-Choice-Verfahren zu allen Inhaltsblöcken. Der Termin liegt in der vorlesungsfreien Zeit. Der Vorlesungsteil „Pädagogik und Didaktik" ist mit insgesamt fünf konsekutiven Vorlesungen á 45 min vertreten
Was-Dimension	Die Inhalte der Vorlesung kommen laut Modulhandbuch aus der Gesundheits- und Leistungspsychologie, der Soziologie, dem Sportrecht, und Geschlechterforschung, der Sportgeschichte, der Sportphilosophie, der Sportökonomie, der Sportpolitik sowie der Pädagogik und Didaktik. Die einzelnen Bereiche werden jeweils von Fachkollegys vertreten. Mit Bezug auf den Vorlesungsteil „Pädagogik und Didaktik" sieht die Modulbeschreibung Inhalte vor, die „Grundlagen der sportwissenschaftlichen Auseinandersetzung mit dem Kulturphänomen Sport aus pädagogisch-didaktischer Perspektive" (DSHS 2021) (S. 2) vermitteln
Wer-Dimension	Als Grundlagenvorlesung richtet sich BAS2 an Studienanfänger. Im Schnitt schreiben sich pro Semester rund zwischen 200 und 300 Studentys zur Vorlesung ein. Aufgrund der unterschiedlichen Studiengänge ist von heterogenen Voraussetzungen und Erwartungen auszugehen. Daraus folgt u. a., dass der Vorlesung eine wichtige Signalfunktion hinsichtlich der berufsfeldbezogenen Studienerwartungen zukommen kann
Wie-Dimension	Die Modulbeschreibung sieht als Lehr-Lern-Methode „Vorlesung" (DSHS 2021) (S. 2) vor. Weitere Orientierungen existieren nicht

(Fortsetzung)

Tab. 4.1 (Fortsetzung)

Veranstaltung	BAS2 – Verhaltens- und sozialwissenschaftliche Grundlagen des Sports
Evaluation	Im Rahmen der zentralen Lehrevaluation der BAS2 Vorlesung wurden wiederholt zwei Aspekte von den Studentys problematisiert: 1. Unklarheit der Relevanz der Inhalte für das weitere Studium sowie für das Berufsfeld. 2. Geringe Interaktionsmöglichkeiten für Studentys
Selbst-Dimension	Die Entscheidung für Anpassung des Vorlesungskonzepts resultierte zum einen aus der grundsätzlichen Reflexion der Frage, wie Vorlesungen zeitgemäß im Sinne des Modells Professionellen Handelns gestaltet werden können. Zum anderen wurden im Besonderen die von studentischer Seite als kritisch identifizierten Aspekte der fraglichen Relevanz der Inhalte und geringen Interaktion zum Anlass für Modifikation genommen

begründet sich zum einen in den studentischen Wünschen nach sichtbarer inhaltlicher Relevanz und besserer Interaktion (siehe Tab. 4.2). Beiden Forderungen können wir selbst nur zustimmen. Gerade im Format einer Vorlesung, so unsere Überlegung, kann eine Story die Bedeutung (in diesem Fall:) pädagogisch-didaktischer Inhalte vorführen. Zudem bietet das Storytelling auch die Option, die Geschichte der Vorlesung von den Studierenden aktiv „mitschreiben" zu lassen. Zum anderen laden die Kontextbedingungen dazu ein, die BAS2 Vorlesung über die fünf Termine hinweg als eine Art Mini-Serie anzulegen, deren „Episoden" durch eine kohärente Rahmengeschichte zusammengehalten werden. Die erste Design-Aufgabe besteht also darin, ein zu den Inhalten und Zielen der Vorlesung passendes Narrativ zu entwickeln.

Passend zum eigenen thematischen Vorlesungsschwerpunkt, besteht in „Vermittlung" ein zentrales Bezugsproblem, das für die heterogene Studierendenschaft der BAS2 Vorlesung von grundsätzlichem Interesse sein dürfte. Fragen der Vermittlung bilden zentrale Themen sowohl für die praktischen Sportberufe im Leistungs-, Freizeit- und Gesundheitssport als auch für das Sportmanagement und den Sportjournalismus. Aber *was wäre, wenn* sich die Vermittlung im Sport in einer Krise befände? Und *was wäre, wenn* die Studierenden der BAS2 Vorlesung dafür benötigt werden, die Krise abzuwenden und das Coaching zu retten?

Tab. 4.2 Story Bible AGENTS of BAS2

Story-Design	AGENTS of BAS2
Genre	(die etwas andere) Universitätsvorlesung
Tagline	Das Coaching im Sport geht den Bach runter. Ein Fall für die *AGENTS of BAS2*
Logline	In einer Welt, in der Sport und Bewegung eine immer größere Rolle spielen, basiert die Vermittlung bzw. das Coaching im Sport auf verstaubten Traditionen und Meisterlehren. Die Folge: Sinkende Motivation, fehlende Leistung und monotones Training. Ein für Studentys der Deutschen Sporthochschule Köln untragbarer Zustand – der sich verändern lässt
Synopsys	Der Sport zählt zu den zentralen Bereichen der modernen Welt. Jeder von uns hat oder hatte Sportunterricht in der Schule, über 10 Mio. Menschen trainieren in Fitnessstudios, mehr als 27 Mio. Bürgys sind in Sportvereinen aktiv. Deutschland hat dennoch ein massives Problem: In vielen Bereichen des Sports brechen seit Jahren die Leistungen und Erfolge ein, das Training ist monoton, der Sportunterricht unter Schülys längst nicht mehr so beliebt, und die Motivation ist im Keller. Ein wesentlicher Grund dafür besteht darin, dass wir in Deutschland immer noch stark an Traditionen und verstaubten Meisterlehren kleben. Für die Studentys der Grundlagenvorlesung BAS2 an der renommierten Deutschen Sporthochschule Köln ist dies ein untragbarer Zustand. Für den Sport und das Coaching im Sport verkörpern sie, die *AGENTS of BAS2*, die nächste Generation. Sie bilden die Hoffnung für Schülys und junge Athletys auf ein abwechslungsreiches und motivierendes Training, in dem sie lernen, worauf es jeweils ankommt. Im Verlauf der Vorlesung erkunden die *AGENTS of BAS2* im Dialog mit dem „Dozenten" sowie „Coach Basti" evidenzbasierte Möglichkeiten, dem Coaching im Sport zu seinem vollen Potenzial zu verhelfen. Die Reise führt dabei immer wieder zur neuen Wirkungsstätte von Coach Basti, dem Kölner Sportverein Blau-Weiss Ehrenfeld, in dem Basti eine Reihe aktueller Probleme des Trainings zu lösen hat. Die *AGENTS of BAS2* helfen ihm dabei

Aus BAS2 „Verhaltens- und sozialwissenschaftliche Grundlagen des Sports" wird *AGENTS of BAS2*. Für das Design der Story ist es hilfreich, neben einer ersten „Was wäre, wenn...?" Formulierung (*„Was wäre wenn...?", siehe Glossar*) eine kleine Story Bible anzufertigen

(Tab. 4.2).[1] Die Tagline formuliert den Inhalt der Geschichte prägnant mit einem Satz. Sie weckt Emotionen. Die Logline liefert eine klare Vorstellung des Problems, das im Rahmen einer Synopsys detaillierter dargestellt wird.

AGENTS of BAS 2 greift die reale Diskussion um den Sport in Deutschland auf. Rückläufige Mitgliederzahlen in Sportvereinen, sinkende Leistungen deutscher Athletys und Teams bei internationalen Wettbewerben, ein immer weiter verblassender Charme des Sportunterrichts an Schulen – in der *Storywelt* der Vorlesung treten die Studentys als *AGENTS of BAS 2* an, um beispielhaft zu zeigen, wie die Welt des Sports gerettet werden kann. *Der Schlüssel zur Rettung liegt in der Vermittlung, in der Art und Weise, wie gecoacht, trainiert und unterrichtet wird.*

Das Hauptthema der Vorlesung entspricht der Funktion der Vorlesung: Es geht um die Frage, *wie professionelle Vermittlung funktioniert*. Im Mittelpunkt des Designs steht die Idee, wissenschaftliche Inhalte zu vermitteln und Lernziele erreichbar zu machen – und dabei Game-Konzepte zu nutzen. Das Kernelement hierfür bildet ein Storytelling (*siehe Glossar*), das über verschiedene Medien hinweg mit lockeren Bezügen zur Popkultur vorangetrieben wird, dabei fiktionale und reale Elemente nutzt und deren Grenzen im Sinne eines Alternate Reality Games (*siehe Glossar*) verwischen lässt. Im Dialog mit dem „Dozenten" und „Coach Basti" lösen die Studierenden Probleme aus dem Trainingsalltag eines Kölner Sportvereins (*Meaningful Play*). Der fiktive Verein – Blau-Weiss Ehrenfeld – im realen Kölner Stadtteil Ehrenfeld hat verschiedene Abteilungen (Fußball, Basketball, Schwimmen etc.), die sich Woche für Woche mit neuen Fragen und Problemen über Coach Basti bei den *AGENTS of BAS 2* melden. Die in der Praxis mit Hilfe der *AGENTS of BAS2* gemachten Erfahrungen fließen wieder in die Vorlesung ein und strukturieren den weiteren Verlauf der Geschichte.

---

[1] Für die *AGENTS of BAS2* wurde eine 42-seitige, detaillierte *Story Bible* erstellt, um das Storytelling zu trainieren (Koerner 2023). Eine derart umfangreiche Vorarbeit ist grundsätzlich nicht nötig. In vorliegenden Fall hat sie allerdings den Blick für die Anforderungen an ein Storytelling geschärft.

Narrative Thinking: Story, Ästhetik, Mechanik und Medium im Zusammenspiel
AGENTS of BAS 2 wird als Mini-Vorlesungsserie bestehend aus fünf Episoden entwickelt, die auf die Studien- und Lebenssituation der Studierenden abgestimmt ist. Der Appeal der Vorlesung besteht aus seiner Kombination von Inhalt und Form. Inhaltlich zielt die Vorlesung darauf ab, grundlegende wissenschaftliche Theorien und Konzepte auf wirklich relevante Aspekte der Coaching-Praxis zu beziehen. Es geht darum, die Inhalte der Vorlesung durch das Narrativ mit Relevanz aufzuladen.

Innerhalb der *Storyworld* von *AGENTS of BAS 2* treffen fiktive, aber dennoch realistisch anmutende Probleme der Trainingspraxis auf wissenschaftliche Ideen und Konzepte, wie diese Probleme gelöst werden könnten. Die rekurrente Trope innerhalb der Vorlesungsstory besteht darin, Probleme der Praxis mit wissenschaftlich belastbaren Theorien und Methoden zu lösen: Die Vorlesung plädiert immer wieder dafür, Professionalität im Coaching exakt in dieser Verbindung von Praxis und Wissenschaft zu sehen.

„Coach Basti", der narrativ am Ende der ersten Vorlesung als „Kumpel des Dozenten" die Welt der Vorlesung betritt, ist angelehnt an den Serienhelden der Apple TV+ Produktion „Ted Lasso". Wie „Ted Lasso", steht „Coach Basti" für eine neue und unkonventionelle Philosophie des Sportcoachings. Coach Basti verkörpert die Bereitschaft für eine innovative Art und Weise des Coachings, jedoch fehlt ihm dazu der aktuellste Stand des Wissens. Um seine Expertise aufzufrischen, wendet er sich in jeder Vorlesung mit einer Frage bzw. einem Problem aus der Praxis seiner beruflichen Vereinstätigkeit als *General Coach Consultant* an die *AGENTS*. Alle Hoffnung auf neue, kreative, motivierende sowie lern- und leistungsförderliche Coachingmethoden mit wissenschaftlicher Grundlage richtet sich auf die *AGENTS of BAS2, die* Studentys der Vorlesung an der weltweit renommierten Sportuniversität. Sie unterstützen „Coach Basti" bei dessen Mission, im Training des Vereins Blau-Weiss Ehrenfeld Tradition durch Innovation zu ersetzen. Auf Vereinsseite weicht dabei eine anfängliche Skepsis zunehmend einer aufgeschlossenen Neugierde.

So existieren im ersten Praxisfall Motivationsprobleme in der U17-Fußballmannschaft der Männer (siehe Abb. 4.2). Salopp gesprochen: Die Spieler haben keinen Bock auf Training. Informiert durch die Vorlesung, lautet die Empfehlung der *AGENTS of BAS 2 für* „Coach Basti", es mit der Anwendung der *Selbstbestimmungstheorie* zu probieren: Was ändert sich, wenn die Spieler mehr selbstbestimmte Entscheidungen im Training treffen können und mehr Kompetenz und soziale Eingebundenheit erleben? Auf die innovativen Ideen des neuen Assistenten aufmerksam geworden (*Feedback*), nimmt im zweiten Fall die Schwimmabteilung von Blau-Weiss Ehrenfeld Kontakt mit Basti auf. Trainerin Rebecca berichtet in einer WhatsApp-Nachricht von Problemen im Training mit den ganz Kleinen. Vor allem bei der Wassergewöhnung. Kann ein *gamifiziertes* Training dafür sorgen, dass die Wassergewöhnung spielerisch erfolgt und sich dadurch der Ruf des Schwimmtrainings verbessert, was vielleicht das Interesse weiterer Kinder am Schwimmsport weckt? Im dritten Fall wendet sich die Abteilung Basketball des Vereins an die *AGENTS of BAS2*. Im Training gibt es kein akutes Problem. Die Trainys sind grundsätzlich offen für Innovation. Sie haben ein Growth Mindset. Wie lässt sich durch den sogenannten Constraints-led Approach (CLA), das Hauptthema der dritten Vorlesung, das Basketball-Training weiter verbessern? Im vierten und letzten Praxisfall gerät „Coach Basti" unter Druck. Weil seine Ideen gut angekommen sind (*Feedback*), hat ihn der Vereinsvorstand gebeten, eine kurze Präsentation vorzubereiten. Darin soll er darstellen, worin die Gemeinsamkeiten der von ihm ins Training eingeführten Ansätze liegt. Eingeladen sind die Coaches aller Abteilungen. Das Problem: Bis zum Termin sind es nur noch drei Stunden (*Zeitlimit*). Er bittet die AGENTS um Hilfe. Am Ende ist klar, die Probleme in der Vermittlung sind nicht aus der Welt, aber es gibt Hoffnung. Die *AGENTS of BAS2* und "Coach Basti" „have just begun".

Vom Medium her wird die Story der *AGENTS of BAS2* transmedial (*siehe Glossar*), also über verschiedene Medien hinweg erzählt.

- *Keynotefolien* bilden den *default mode* für das Storytelling. Wie die Seiten eines Buches oder die Frames eines Videos, erzeugen die Folien den Erzählfluss der Story der Vorlesung. Zugleich bilden sie in-

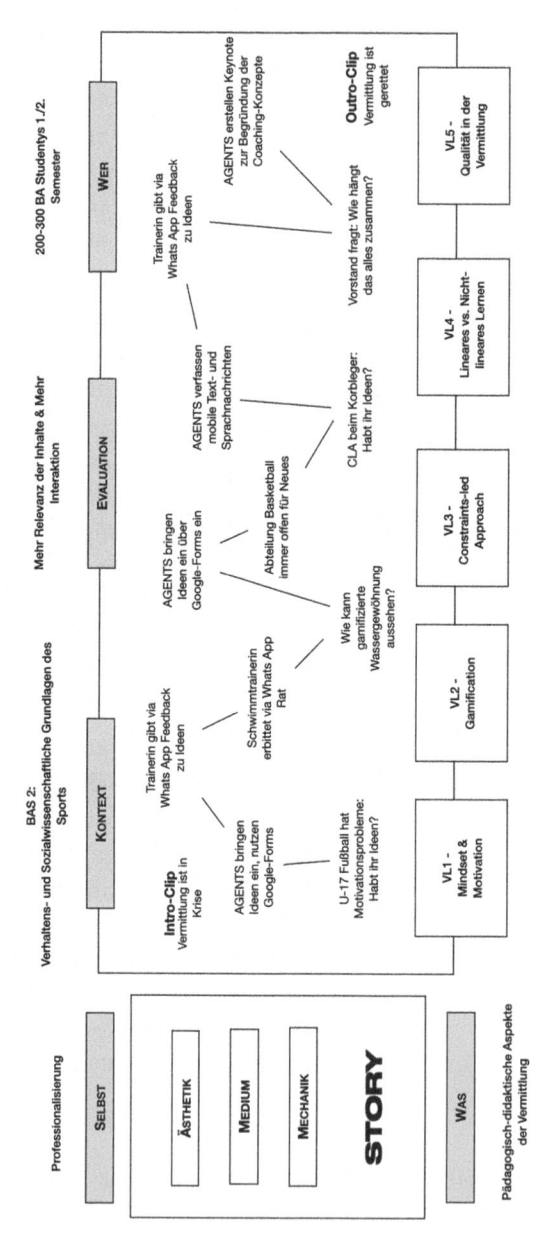

Abb. 4.2 Gamifizierte Vorlesung AGENTS of BAS2

nerhalb der universitären Lehre den erwarteten Standard. Die Folien bieten die Möglichkeit, relevanten wissenschaftlichen und fiktionalen Elementen eine narrative Form zu geben. Die Keynote-Folien der *AGENTS of BAS2* enthalten Schnittstellen (Links, QR-Codes) zu weiteren medialen Tools (YouTube, Google Forms etc.), anhand derer mit eigenen Endgeräten (Smartphone, Tablet, PC) die Linearität der Vorlesung durchbrochen werden kann. Episode 03 wurde zudem als Screencast produziert, auf den von überall und zu jederzeit zugegriffen werden kann.

- *Videoclips* rahmen die Story der *AGENTS of BAS2* und spannen die Kernerzählung auf. Sie bieten die Möglichkeit, auf ästhetische Weise kognitive Aufmerksamkeit für die „relevante" Geschichte zu erzeugen. Epische Musik, schnelle Schnitte, popkulturelle Referenzen sollen die Studentys ansprechen und für die Story der Vorlesung gewinnen. Der Intro-Clip eröffnet den Missstand im Coaching und erklärt die Mission. Der Outro-Clip dokumentiert das Ergebnis. Im Abspann des Outros werden die Namen aller Studierenden in alphabetischer Reihenfolge aufgeführt (*Meaningful Play*). Die Mid-Credit Scene deutet die weitere Karriere von „Coach Basti" an; die Post-Credit Scene lässt die Beziehung von „Coach-Basti" und „dem Dozenten" erahnen.
- *Social Media Messenger* und *Plattformen* treiben die Story von *AGENTS of BAS 2* voran. YouTube und WhatsApp zählen gerade unter jungen Menschen zu den beliebtesten Diensten, weshalb ihr Einsatz mit einer hohen Akzeptanz rechnen kann. Für das Storytelling sind sie wichtig, weil sie Studentys außerhalb der eigentlichen Vorlesung die Möglichkeit realer Interaktion mit „Coach Basti" bzw. dem „Dozenten" ermöglichen (*Meaningful Play; Feedback*). Über Social Media stellen Studierende z. B. in Form von Posts und Audiofiles ihre Ideen darüber vor, wie man das Training bei Blaus-Weiss Ehrenfeld unterstützen kann. Die Vorschläge werden in die kommende Vorlesung integriert (*Meaningful Play*). Sie beeinflussen somit den Lauf der Geschichte (z. B. in dem länger auf vorgestellte Lösungen eingegangen, weiter in die Tiefe gegangen wird, neue Folien oder Level-Up Contents dazu erstellt werden etc.).

Ästhetisch arbeitet die Vorlesung im weitesten Sinne mit Kultur: Sie nutzt populäre Figuren und Formate aus dem Film-, Video- und Seriengenre ("Ted Lasso", "Doom"), präsentiert ihre Inhalte und Protagonisten in bekannten Nachrichtenformaten ("Tagesschau in 100 s", berichtet unter anderem über Coach Basti) und nutzt zeitgemäße digitale Tools ("Google Forms") und Social Media Plattformen ("Whats-App"), die eine Interaktion mit „Coach Basti" ermöglichen. Der alten didaktischen Forderung nach Anschaulichkeit gemäß (Comenius), wird das Foliendesign bewusst genutzt, um die Sinne anzusprechen und den Studentys das Eintauchen in die Storywelt zu erleichtern. Als Stilorientierung dient die Ästhetik der Popkultur. Grelle, kontrastreich inszenierte Farben dominieren das Foliendesign. Die Ästhetik der Popkultur wird an vielen Stellen bewusst durch nüchterne Folien im Stil der Wissenschaft unterbrochen. Die Unterbrechung wird dabei nicht als Gegensatz inszeniert; vielmehr greift die popkulturelle Ästhetik wichtige wissenschaftlich Inhalte auf und bietet Exit-Möglichkeiten zu anderen Medien, innerhalb derer die Story fortgesetzt werden kann.

Von der Mechanik her lässt die Vorlesung die Teilnehmys in erster Linie in ihre „natürliche" Rolle von DSHS Studentys schlüpfen, die sich am Anfang ihres Studiums befinden. Zudem werden sie, allerdings nur soweit sie es erwünschen, zu Spielys, die – wenn sie sich mit der Story von *AGENTS of BAS 2* identifizieren – mit „Coach Basti" in Interaktion treten (*Meaningful Play; Feedback*). Die Vorlesung ist so designt, dass sie unterschiedliche Experience Pathways (*siehe Glossar*) ermöglicht. Sie kann ohne inhaltlichen Verlust auch ohne spielerische Bezüge, also eher vorlesungstypisch passiv, „konsumiert" werden. Für das Konzept der Vorlesung ist es wichtig, dass Inhalte und Lernziele sich auch dann angeeignet werden können, wenn man nicht spielen und in das Narrativ eintauchen will – denn das ist völlig legitim und auch erwartbar. Die Immersion beim Spielen als *AGENT of BAS 2* ist hingegen höher und bietet Raum für folgende Spiely-Typen:

- *Completionists*, die der gesamten Story folgen und jedem Hinweis, Beitrag und Auftrag nachgehen. Die transmediale Erzählweise von *AGENT of BAS2* bietet hierzu viel Abwechslung.

- *Makers*, die erkannt haben, dass die Vorlesung ihre Inhalte selbst aufführt. Makers interessieren sich für die Machweise der Vorlesung, die Entwicklung der Story und Charaktere, die Verbindung der Erzählung über verschiedene Medien hinweg und die jeweilige Begründung (z. B. über WhatsApp die Interaktion zwischen Studentys und Coach Basti zu fördern und transmedial die Geschichte mit einem „Mehrwert" zu versehen).
- *Technologists*, die sich in erster Linie für die Technologien der Vorlesung interessieren, also beispielsweise dafür, wie man mit einem Link auf einer Folie Lernys in eine digitale Lernumgebung (z. B. erstellt mit Google Forms) schicken kann, in der sie Aufgaben bearbeiten und dabei unmittelbares Feedback erhalten.
- *Artists*, die sich in erster Linie für die Ästhetik der *AGENT of BAS2* interessieren und erkennen, dass die Storywelt (auch) durch einen ästhetisch durchlaufenden roten Faden zusammengehalten wird (etwa durch dramatische und epische Musik im Intro- und Outro-Video oder wiederkehrende „Coach Basti braucht euch!"-Folien).
- *Socialites*, die in erster Linie die gemeinsame Erfahrung innerhalb der Storywelt wertschätzen, etwa beim Austausch mit Kommillitonys zur Frage, wie die Story, Ästhetik, Mechanik und Technologie einer gamifizierten Wassergewöhnung für Kleinkinder im Vorschwimmalter aussehen könnte („Piraten der Karibik" als Vorlage?)

Die Hauptstory der Rettung des Sportcoachings und die Nebenstory von „Coach Basti" bieten die Möglichkeit zukünftiger Story-Welten, manche werden bereits innerhalb von *AGENTS of BAS2* angedeutet. In der Mid-Credit Scene des Outro-Videos ist z. B. zu sehen, wie „Coach Basti" von dem Manager eines großen lokalen Vereins („Der FC") einen Umschlag mit einem Angebot erhält. Basti´s zukünftige Tätigkeiten als Coach eröffnen die Möglichkeit, ihn weiter mit Studierenden der DSHS zu brennenden Fragen der Coaching-Praxis interagieren zu lassen. Dies könnte z. B. die Story eines Seminars im *Masterstudiengang Leistung, Training und Coaching* sein, das inhaltlich auf professionelles Coaching im Spitzensport spezialisiert ist. Am Ende des Outros steht zudem eine irritierende Szene: „Coach Basti" und „der Dozent" befinden sich *zusammen* in einem Zimmer. In welcher Beziehung stehen die beiden wirklich zueinander, ist Basti wirklich nur ein Freund?

AGENTS of BAS2 bildet eine etwas andere Vorlesung. Sie lässt die Realität und Story einer Grundlagenvorlesung mit der fiktionalen Story um den Niedergang des Coachings bzw. der Vermittlung im Bereich des Sports zusammenlaufen.

4.2 Seminare gamifizieren

Ein Großteil des Bachelorstudiums Polizeivollzugsdienst in Nordrhein-Westfalen findet – zumindest der Teil, der an der Hochschule gelehrt wird – in Seminarform statt. Die Gruppen sind dabei überschaubar (30–35 Personen) und Interaktionen jenseits eines Lehrendenvortrages sind dabei explizit erwünscht. Anders als in weiten Teilen der universitären Hochschullehre herrscht – zumindest aktuell noch – Anwesenheitspflicht für die Studierenden bei allen Lehrveranstaltungen. Überhaupt sind an polizeilichen Hochschulen noch viele Dinge deutlich reglementierter als an anderen Hochschulen. Verwunderlich ist das nicht. Das soziale System Polizei kontrolliert eben gerne. Was pädagogisch ggf. reflexionswürdig erscheint, ist aus „Polizeisicht" weniger ein Problem: Denn genau das ist die gesellschaftliche Aufgabe dieses Systems (Cockcroft und Hallenberg 2022; Körner und Staller 2023).

Das Arbeiten in festen Kursgruppen kann in dieser Hinsicht auch als ein systemischer Kontrollmechanismus gesehen werden. Abweichungen – in die eine oder andere Richtung – können so leichter festgestellt werden. Eine Homogenisierung von Denk- und Sichtweisen erscheint so eher wahrscheinlich. In der Forschung wird hier auch von der Polizeisozialisation gesprochen (Kemme et al. 2021; Staller und Koerner 2022). Und diese hat das Potenzial, rigide Denkstrukturen – also das Denken in Binärstrukturen wie gut / böse – zu fördern. (Behr 2020; Boivin et al. 2018; Koehler 2022).

Inmitten dieser besonderen Bildungssituation macht die Gamifizierung ein doppeltes Angebot. Auf der expliziten curricularen Ebene können *Inhalte gelehrt* werden. In unserem Seminar eben psychologische Inhalte. Darunter fällt all das, was ein Polizisty als psychologisches Wissen beim Polizieren so braucht. Auf einer zweiten Ebene könnten über eine Gamifizierung rigide Denkstrukturen herausgefordert werden, und zwar besonders dann – so unsere Überlegung –, wenn narrative Elemente „im Spiel" gehalten werden, also der gamifizierte Rahmen der Veranstaltung *nicht* explizit gemacht wird. Mit Blick auf den *ernsten* Beruf der Polizei ergibt sich so gerade im *Spiel* ein besonderer Bezugspunkt für Reflexion und Entwicklung. Anders ausgedrückt: Gerade weil wir die Studierenden und ihren Beruf ernst nehmen, spielen wir.

Also, lasst uns Spielen: Das Modell Professioneller Lehre gibt auch hier eine Denkstruktur vor, mit der wir uns mit Blick auf unser Game Design initial auseinandersetzen können (Tab. 4.3). Das Ergebnis liefert uns wichtige Orientierungspunkte für unseren Plan.

Das Durchdenken der Seminarkonzeption entlang des Modells Professioneller Lehre macht deutlich, wohin die Reise der Gamifizierung gehen könnte. Gerade vor dem Hintergrund des Problematisierens eines Denkens und Handelns in Binärstrukturen („Wir gegen die", „Gewinnen oder Verlieren", „Ernst oder Spaß"...) und der Vermeidung kognitiver Rigidität im polizeilichen Kontext, besteht die Kernentscheidung der *Story* im Nichtauftauchen des Professors und des Einsatzes von dessen Vertretung: Herrn Sepur. Dabei soll – so unsere Überlegung – offen gelassen werden, was hier „gespielt" wird. Das *„What if"* („What if"-Technik, *siehe Glossar*) wollen wir somit erstmal aufseiten der Polizeistudentys offenlassen. Für die Studierenden soll nicht explizit sichtbar sein, dass bzw. ob es sich um eine Gamifizierung handelt. Durch das In-der-Latenz-halten des Spiels erhoffen wir uns Ansatzpunkte zur Reflexion.

Auf einer strukturellen Ebene laden die drei Seminare zu drei miteinander verwobenen Story-Staffeln mit jeweils einer begrenzten Anzahl an „Episoden" ein. Jede Staffel soll auch solo „erlebt" werden können – aber natürlich ermöglichen Easter Eggs (*siehe Glossar*) Querreferenzen zwischen den einzelnen Staffeln. Ein übergreifender Story-Bogen stellt einen kleinen (narrativen) Bonus für die Studierenden, die alle Seminare erleben konnten, dar.

Damit ist die Struktur des Seminars gesetzt. Statt eines Psychologieprofessors gibt es Herrn Sepur, der sich mit den Worten „Ich bin nur die Vertretung..." vorstellt. Die Story-Bible erstellen wir wie folgt (Tab. 4.4).

Tab. 4.3 *Seminarreihe Psychologie* vor dem Hintergrund des Modells Professioneller Lehre

Veranstaltung	Psychologieseminar: Grundstudium – Hauptstudium 1 – Hauptstudium 2
Kontext-Dimension	Das Seminar – oder besser die 3 Seminare – lassen sich im ersten und zweiten Studienjahr des B.A. Studiums Polizeivollzugsdienst verorten (Hochschule für Polizei und öffentliche Verwaltung Nordrhein-Westfalen 2022). Das Psychologie-Seminar findet dabei mit 40 (Grundstudium), 30 (Hauptstudium 1) und 16 (Hauptstudium) Lehrveranstaltungsstunden als Pflichtlehrveranstaltung statt Als Prüfungsleistung ist im Grundstudium von einem Teil der Studentys (werden ausgelost) eine Hausarbeit zu schreiben. Im Hauptstudium 1 steht ein Fachgespräch an. Das Hauptstudium 2 schließt im aktuellen Studienjahr ohne Prüfungsleistung ab
Was-Dimension	Die Inhalte der Lehre sind im Curriculum des Studienganges (Hochschule für Polizei und öffentliche Verwaltung Nordrhein-Westfalen 2022) ausgewiesen. Dies umfasst Inhalte der Allgemeinen Psychologie, der Sozialpsychologie, der Entwicklungs- und Persönlichkeitspsychologie, der Konflikt- und Aggressionspsychologie, der klinischen Psychologie sowie der Rechts- und Aussagenpsychologie Neben den expliziten für Psychologie aufgeführten Lehrinhalten existiert im Lichte der Aufarbeitung rechtsextremistischer Tendenzen in der Polizei auf einer übergeordneten Ebene auch die Aufgabe „die Fähigkeit zur kritischen Selbstreflexion beruflichen Handelns zu fördern" (Stabsstelle Rechtsextremistische Tendenzen in der Polizei NRW 2021), S. 21). Entsprechend sollten Studierende auf einer inhaltlichen Metaebene (a) starre Hierarchien in Frage stellen, (b) gemachte Erfahrungen und Wahrnehmungen kritisch reflektieren, (c) mit Unsicherheiten und Komplexität umgehen lernen und (d) Konflikte unter Einsatz von Empathie und ohne das Ausnutzen von Machtstrukturen lösen können
Wer-Dimension	Die Seminargröße umfasst ca. 30–35 Polizeistudentys im jeweiligen Studienabschnitt. Die Erwartungen an die Lehrveranstaltung ist mit Blick auf die Berufsrolle homogen: Der Lerninhalt sollte relevant für die polizeiliche Aufgabenverrichtung sein

(Fortsetzung)

Tab. 4.3 (Fortsetzung)

Veranstaltung	Psychologieseminar: Grundstudium – Hauptstudium 1 – Hauptstudium 2
Wie-Dimension	Das Modulhandbuch gibt eine ganze Reihe an möglichen Lehr-Lern-Methoden an die Hand (Hochschule für Polizei und öffentliche Verwaltung Nordrhein-Westfalen 2022): Lehrendenvortrag, Impulsreferat (mediengestützt), Interaktives Lehr- und Lerngespräch (fragend-entwickelndes Verfahren), Einzel-, Partner- und Gruppenarbeit, Studierendenvortrag, -referat, -präsentation (mediengestützt) und moderierte Diskussion, Fallbearbeitung und Übungen. Weitere Orientierungen gibt es nicht
Evaluation	Die psychologische Lehre wird regelmäßig (so Daten aus Feldnotizen) als „Nebenfach" bezeichnet. Der „kontrollierende" Durchgriff ist vergleichsweise gering, da aktuell nicht alle Studierenden eine Prüfungsleistung ablegen müssen Die Stabsstelle Rechtsextremistische Tendenzen in der Polizei NRW fordert aktuell eine Stärkung des Faches Psychologie (neben anderen Sozialwissenschaftlichen Fächern), was neben Inhalt auch die Prüfungsrelevanz des Faches betrifft (Stabsstelle Rechtsextremistische Tendenzen in der Polizei NRW 2021)
Selbst-Dimension	Die Entscheidung für ein spielerisches, gamifiziertes Setting resultiert vor allem aus dem Nachdenken über die Frage, wie eine Reflexion über problematische Strukturen innerhalb der Polizei gefördert werden kann

Die drei Staffeln bieten die Möglichkeit, den Werdegang von Herrn Sepur zu verfolgen – mit den jeweiligen Referenzen auf seinen bisherigen Werdegang. In seiner jeweils aktuellen beruflichen Situation benötigt er die Hilfe der Polizeistudentys. Die Unterstützung von Herrn Sepur ermöglicht es den Studierenden mehr über das Fehlen des Professors herauszufinden und diesen möglicherweise wieder an die Hochschule zu bringen (Abb. 4.3).

Tab. 4.4 Story-Bible zum Psychologie-Seminar "Ich bin nur die Vertretung…"

Story-Design	„Ich bin nur die Vertretung…"
Genre	Ein (Polizei-)Psychologie Seminar in 3 Staffeln
Tagline	Der Psychologie-Professor ist weg. Aber zum Glück sind zufällig Polizistys anwesend…
Logline	Drei Seminare – und immer fehlt der Professor. Die Polizeistudierenden – unter der Leitung des Vertretungsdozentys Herrn Sepur – helfen den verschwundenen Professor zurückzuholen
Synopsys	**Staffel 1: Das Grundstudium** Herr Sepur tritt als Spieleentwickler auf und vertritt den verschwundenen Professor. Die Studierenden werden zu Spielentwickler*innen, die ein Lernspiel für angehende Polizist*innen kreieren sollen. Dieses Spiel soll die Gamifizierung von Lehrinhalten aus dem Grundstudium thematisieren. Im Laufe des Semesters sammeln die Studierenden durch ihre Arbeit an dem Spiel Hinweise auf den Verbleib des Professors und entdecken die Motive hinter seiner Entführung. Ihre Mission kulminiert in der Entwicklung eines Spiels, das nicht nur als pädagogisches Werkzeug dient, sondern auch die Befreiung des Professors ermöglicht **Staffel 2: Hauptstudium 1** In diesem Seminar übernimmt Herr Sepur die Rolle eines Redakteurs bei einer Zeitung. Erneut verschwindet der Professor unter mysteriösen Umständen. Die Studierenden, diesmal als Redakteurys, sollen ein Reflexionsmanual für angehende Polizistys erstellen. Das Ziel ist es, polizeiliche Einsätze kritisch anhand der Psychologieinhalte des Hauptstudiums zu reflektieren **Staffel 3: Hauptstudium 2** Herr Sepur, nun als Leiter einer Entwicklungsabteilung für Polizisten, führt die Studierenden in die „Cop Development League" ein. Die Liga besteht aus Teams, die in Lernspielen gegeneinander antreten. Die Spiele basieren auf den Inhalten des Hauptstudiums 2. Am Ende des Semesters und bei Erreichen einer hohen Ligapunktzahl löst der Professor das Rätsel seines wiederholten Verschwindens. Oder doch nicht?

Narrative Thinking: Story, Ästhetik, Mechanik und Medium im Zusammenspiel

Mit unserem in Abschn. 2.2. vorgestellten Game-Design Bauplan machen wir uns an die Arbeit. Ausgehend von unserer Story versuchen wir, Ästhetik, Mechanik und Medium optimal aufeinander abzustimmen.

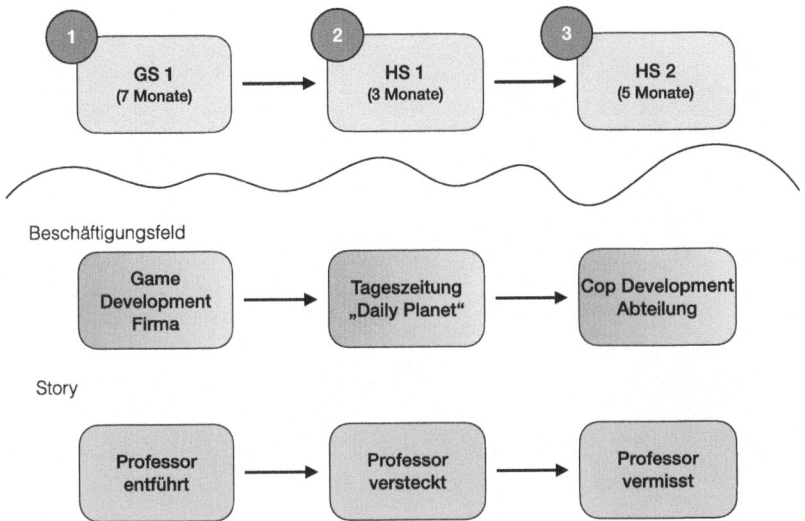

Abb. 4.3 Das Gamifizierte Lehrkonzept im Längsschnitt

Im Zentrum der *Story* steht das rekurrierende Nichterscheinenden des Professors zum Unterricht aus unterschiedlichen Gründen. Durch das Erfüllen entsprechender Aufgaben treiben die Studierenden die Geschichte um das Verschwinden des Professors voran und lernen schließlich die Hintergründe der Geschichte kennen. Die Geschichte um den verschwundenen Professor ist in drei Staffeln unterteilt, welche jeweils die Lehrveranstaltungen in Psychologie im Grundstudium, im Hauptstudium 1 und im Hauptstudium 2 abdecken. Die Lehrveranstaltungen (so die Story) werden jeweils von einer kurzfristigen angeheuerten Vertretung, Herrn Sepur durchgeführt. Herr Sepur ist dabei in jeder Staffel bei einem anderen Arbeitgeber beschäftigt (GS: Learning & Development Games; HS 1: Daily Planet; HS 2: Stark Industries). Von seinem Arbeitgeber erhält er dabei Aufträge, zu deren Bearbeitung er die Studierenden vor Ort um Hilfe bittet. Der überspannende Bogen der Lehrveranstaltung ist ein sich kontinuierlich weiterentwickelndes Narrativ um den verschwundenen Professor und die Aufgaben die seine Vertretung (Herr Sepur) zu bewältigen hat (Abb. 4.4).

Abb. 4.4 Ein verschlossener Koffer – Ist da der verschwundene Professor drin?

Die *ästhetischen Elemente* der Lehrveranstaltung sind passend zur sich entwickelnden Story gewählt. Die Präsentationsfolien sind auf die jeweiligen beruflichen Kontexte abgestimmt. Von der Spieleentwicklungsfirma mit eigenem Logo, über die Tageszeitung bis hin zur Cop Development League. Die T-Shirts, die Herr Sepur trägt, die Kaffeetasse, die er hält, sind nicht zufällig gewählt; sie sind bewusst ausgewählte Artefakte, die dazu dienen, die Studierenden noch tiefer in die Storywelt des Seminars hineinzuziehen.

Die *Mechanik*, also die Abläufe und Regeln der gamifizierten Lernumgebung mit Bezug zum Ziel, welches die Studierenden erreichen sollten, werden zu Beginn eines jeden Studienabschnittes über das Narrativ eingeführt. Ziel ist jeweils eine übergeordnete Projektarbeit der Studierenden, welche diese in Gruppen über den Studienabschnitt hinweg erstellen oder durchführen sollen. Die Bewertungsmaßstäbe (Bewertung durch Kollegys) wurden ebenfalls ausgegeben. Neben den übergeordneten Zielen gibt es auch immer wieder kleinere Aufträge (z. B. Zusammenstellen eines Konzeptes für deeskalierendes Verhalten in einem Konflikt; Vorbereitung auf eine Prüfung, etc.), welche als „Sonderaufgaben" über narrative Elemente eingeführt werden. Diese Aufgaben (Projektarbeit, Sonderaufgaben) können auch aus einem nicht-gamifizierten Blick wahr- und angenommen werden. Die Entscheidung, ob und wie gespielt wurde, wird damit den Studierenden auf individueller Ebene überantwortet.

Der Transport der Ästhetik sowie große Teile des Narrativs sollen vor allem über die Foliengestaltung erreicht werden. Über diese werden auch Interaktionen mit weiteren Beteiligten des Narrativs eingeführt (z. B. Chatverläufe, Emails, Briefe). Weiterhin werden Videoclips genutzt, um Storyelemente zu transportieren (z. B. eine Einsatzkraft braucht Hilfe) und um Studierenden für ihre geleistete Arbeit zu danken (z. B. Dankesvideo des verschwundenen Professors). Ein weiteres wichtiges Medium der Lehrveranstaltungsserie ist die Schauspielerei: der Protagonist (Herr Sepur) „spielt" seine Rolle: der Professor ist verschwunden und er ist „nur" die Vertretung.

„Ich bin nur die Vertretung..." ist ein etwas anders gamifiziertes Psychologieseminar für Polizistys. Die Gamifizierung macht sich dabei final selbst zum Thema. Spiel und Ernst verschwimmen und werden dabei auf einer 2. Beobachtungsebene selbst zum Ausgangspunkt für Reflexionen über rigide Denkstrukturen innerhalb der Polizei. Damit besteht das Potenzial auf einen Bildungsbeitrag im Polizeisystem über die reinen curricularen Lehrinhalte hinaus.

4.3 Übungen gamifizieren

Die Übung kommt als drittes Beispiel und Lehrformat hinzu. Die Grundidee der Übung als Lehrveranstaltung liegt beispielsweise an der Deutschen Sporthochschule Köln darin, „das in anderen Veranstaltungsformen bereits erworbene Wissen einzuüben und zu festigen." (DSHS 2020) Eine Übung greift also die Inhalte anderer Veranstaltungen als Wissen auf. Weiter ist im Hochschul-ABC der Sporthochschule (ebd.) formuliert: „Die Übung erfolgt unter Anleitung einer/s

Dozierenden, sodass Rückfragen geklärt werden können." Der Schwerpunkt in Übungen – so wie sie hier verstanden werden –, liegt also auf der Anwendung von bisherigem Wissen, um dieses zu festigen und gleichzeitig aufkommende Fragen im Zuge des Übens zu klären. Am konkreten Beispiel: In der Übung *Verhaltens- und Sozialwissenschaften üben* im Basis-Studium (BAS) steht die Verbindung von erworbenen Kompetenzen und Inhalten (aus anderen Veranstaltungen) des Moduls „mit den Techniken wissenschaftlicher Arbeitsweise" im Fokus (DSHS 2020). Die Vorlesung aus Abschn. 3.1 ist ebenfalls Teil dieses Moduls und deutet an, um welche Inhalte es geht. In der Übung soll dann das wissenschaftliche Arbeiten anhand der Kompetenzen und Inhalte *geübt* werden.

Die grundlegenden und curricularen Rahmenbedingungen für die Übung lassen sich anhand des Modells Professioneller Lehre einordnen (Tab. 4.5).

Damit erscheint das Format für eine gamifizierte Gestaltung der Lehrveranstaltung im Grunde dankbar: Übungen beinhalten die aktive Auseinandersetzung der Studierenden mit den Inhalten schon in der Grundidee. Es soll schließlich mit Wissen etwas getan werden: In dem genannten Fall der BAS-Übung eine übende Anwendung von wissenschaftlichen Arbeitsweisen.

Auf Basis des modifizierten Bauplans von Schell und einigen einordnenden Überlegungen auf Basis des Modells professionellen Lehrens lässt sich die Übung gamifizieren. Mit einer passenden Erzählung lässt sich die Anwendung der Inhalte und Kompetenzen dazu auch narrativ einbinden. Diese Narrativierung wird in diesem Beispiel vor allem zwei Funktionen haben: Einerseits soll die Erzählung Aufmerksamkeit und Interesse schaffen, andererseits soll die Erzählung den Sinnzusammenhang der Inhalte und Lernziele einbauen und für die Frage nach dem „Warum?" auf zwei Ebenen Antworten anbieten: Warum dieser Inhalt im Rahmen der (fiktiven) Erzählung und warum dieser Inhalt im Rahmen der Professionalisierung und der eigenen Rolle im Studium?

Tab. 4.5 Dimensionen professioneller Lehre

Veranstaltung	BAS2 – Verhaltens- und Sozialwissenschaft üben
Kontext-Dimension	Die Übung gilt als Pflichtveranstaltung für die Studierenden. Sie richtet sich wie auch die Vorlesung im selben Modul (Abschn. 3.1) an Studys verschiedener Studiengänge. Auf formaler Seite bringt die Übung außerdem 1 Semesterwochenstunde sowie 50 h Selbststudium und Anwesenheitspflicht mit. Üblicherweise findet die Übung zweiwöchig statt und mündet laut Modulhandbuch in der Lernerfolgskontrolle durch ein „Referat mit schriftlicher Ausarbeitung o. ä." (Deutsche Sporthochschule Köln 2020)
Was-Dimension	Inhalte für die Übung resultieren aus verschiedenen Themen im Zusammenhang mit den Vorlesungen innerhalb des Moduls. Dazu gehören beispielsweise Sozialisation zum und durch Sport, Sport und Geschlecht, Sportgeschichte und mehr. In diesem Beispielkonzept schließt die Übung an das Gebiet der „Entwicklung und Lernen im und durch Sport" (Deutsche Sporthochschule Köln 2020) und die pädagogischen und didaktischen Vorlesungsinhalte zum Handeln im Sport an, die sich u. a. auf Vermittlung und Gamifizierung beziehen
Wer-Dimension	BAS2 ist Teil des Basis-Studiums. In der Übung kommen Studierende aus unterschiedlichen Sport-Studiengängen zusammen, die zumindest laut Modulhandbuch relativ mittig im Studienverlauf stehen (3. Semester, 20 Teilnehmer:innen). Die Studierenden bringen also Vorkenntnisse aus dem Studium mit, die Bachelorarbeit ist allerdings in der Regel nicht akut – individuelle Studienverläufe mal außer acht gelassen. Die Übung rückt gemäß ihrer Anlage in das Spannungsfeld der Frage, wie viel Vorwissen die Studierenden aus den anderen Veranstaltungen mit- und einbringen oder ob es erst einmal wieder aktualisiert werden sollte. Schließlich setzt das Üben von bestimmten Dingen zumindest dem Begriff nach deren Kenntnis oder ein gewisses Vorwissen voraus. In diesem Fall sollen die Studierenden bereits erworbene Kompetenzen in die Anwendung bringen – laut Modulhandbuch. In der Praxis macht es vermutlich Sinn, die Inhalte didaktisch so bereitzustellen, dass etwaige Lücken wieder aufgefrischt werden können, ohne dass dies einer generellen Wiederholung gleichkommt

(Fortsetzung)

Tab. 4.5 (Fortsetzung)

Veranstaltung	BAS2 – Verhaltens- und Sozialwissenschaft üben
Wie-Dimension	Curricular werden im Modulhandbuch lediglich allgemein die „unterschiedlichen Arbeits- und Präsentationsformen" (Deutsche Sporthochschule Köln 2020) S. 7 genannt
Selbst-Dimension	Ausgangspunkt dieser Konzeption ist der Gedanke, die Übung stärker als bisher an der professionellen Lebenswelt und Perspektive der Studierenden anzubinden, was sowohl das Studium als auch etwaige berufliche Aussichten umfasst. Der subjektive Sinnzusammenhang – abseits oder neben wissenschaftslogischer und curricularer Begründungslinien – und die umfassendere Einordnung in Professionalität – angesichts diverser Studiengänge und Berufswünsche – war nach eigener Wahrnehmung in bisherigen Umsetzungen eher implizit und zufällig statt explizit und systematisch angesprochen

Das Beispiel: The Fabulous League of Evidence Experts (FLEX)

Who ya gonna call? The Fabulous League of Evidence Experts (FLEX)! So klingt das Konzept, das für die Gamifizierung von Übungen als Beispiel dienen soll.

Das folgende gamifizierte Design für die Lehrveranstaltung ist exemplarisch. Außerdem wurde es noch nicht erprobt. Das ist ein wichtiger Hinweis, denn ohne Erprobung fehlt bislang auch die Möglichkeit der Evaluation. Allerdings fließen in das Beispiel einige Erfahrungen aus dieser Übung ohne Gamifizierung ein. Im Detail muss sich das Design allerdings in der konkreten Praxis und mit einer konkreten Lerngruppe erproben und bewähren. Als Beispiel bietet es womöglich einige Hinweise, was bei dem Design von gamifizierten Übungen auf dem Plan steht.

Das Vorhaben wurde zwar bislang nicht in die Praxis umgesetzt. Die curricularen Rahmenbedingungen bieten dabei ebenso wie bisherige Erfahrungen Ansatzpunkte, um die Übung als gamifizierte Übung zu designen. Da die Veranstaltungen in diesem Modul außerdem inhaltlich aneinander koppeln (sollen) – in der Übung wird bereits Erworbenes gefestigt –, machen Einblicke in Gestaltungen der anderen Veranstaltungen im Modul Sinn. Das Ziel der Gamifizierung liegt in diesem Beispiel darin, die Übung als aktivierendes Format zu betonen und im

Rahmen einer Erzählung die Anwendung stärker zu kontextualisieren. Das Üben von Kompetenzen und Wissen ist kein Selbstzweck und kein Spiel im Rahmen der Studiums-Bubble, sondern auf die Anwendung ausgerichtet: ob in Wissenschaft oder anderen Tätigkeitsfeldern. Mit der Gamifizierung soll die Idee der Anwendung als Spiel- und Erprobungsraum motivierend fokussiert werden.

Die Narrativierung soll dabei anregend sein. Die Wahlfreiheit bei der Untersuchung von Kontexten und Problemstellungen soll dazu subjektive Relevanzsetzungen ermöglichen – ergo dem *meaningful play* entgegenkommen. Dazu ist die Erzählung wiederum nicht allzu detailliert und ausufernd, was für eine erste Durchführung und Erprobung womöglich Sicherheit gibt – das wäre zu evaluieren. Die Konzeption soll also grundlegend die Anschlussfähigkeit für (unterschiedliche) Studys ermöglichen, was vorab in eigener Wahrnehmung zu kurz kam.

Inhaltlich rahmt sich die Übung deshalb analog zum professionellen Lehren mit einem Verständnis professionellen Handelns (Koerner et al. 2024). Den spezifischen Gegenstand des Übens wissenschaftlicher Techniken oder Methoden spielt sich mit dem Umgang mit Wissen und Quellen ein. Ganz konkret: Wissenssynthesen, wie systematische Übersichtsarbeiten dienen als Ankerpunkt, um inhaltliche Themen zu vertiefen, Erkenntnisse methodisch zu hinterfragen und professionsspezifischen Handlungsfeldern gezielt mit einem wissenschaftlichen Mindset zu begegnen. Ein ganz schönes Anspruchsportfolio. Glücklicherweise steigt die *Fabulous League of Evidence Experts (FLEX)* ein.

Damit ist der erzählerische Rahmen grob umrissen (Tab. 4.6). Im Kern wird FLEX gegründet, um mit wissenschaftlichen Tools und Mindsets konkrete Vermittlungspraxis zu untersuchen. Diese Praxis soll sich möglichst aus der Lebenswelt der Studierenden ergeben, das heißt in diesem Fall: Ihrer Studiums-, Berufs- oder Sportwelt als Kontexte für Vermittlung. Viele Studys sind in Sportvereinen eingebunden, haben Kontakte zu Sportorganisationen, Vorstellungen von beruflichen Anforderungen oder Einblicke in die Hochschullehre durch ihre eigenen Kurse. Auch im digitalen Raum sind wohl einige unterwegs, was das sportbezogene Handeln angeht. All diese Bezüge bieten den Ankerpunkt für die wissenschaftliche Herangehensweise: Die Studys sollen einen solchen Kontext wählen, Kernfragen, -thesen, Mythen oder Ähn-

Tab. 4.6 Story Bible The Fabulous League of Evidence Experts (FLEX)

Story-Design	The Fabulous League of Evidence Experts (FLEX)
Tagline	Das evidenzbasierte Wissen zur Vermittlung in und um Sport schwächelt. FLEX mischt sich ein
Logline	Vermittlung und Lernen überall. In den verschiedensten Settings im und um Sport wird in der Praxis vermittelt: Trainer:innen an Athlet:innen, Fitnessapps an Bewegungswillige, Medien ans Publikum, Therapeut*innen an Patientys, Dozierende an Studys…. Doch wie, was, warum und mit welchen Wirkungen? Unbekannte Welt, völlig verworren. Die gesicherten Erkenntnisse sind lückenhaft bis absolut kraftlos – die Studys müssen ran. **FLEX** wird gegründet
Synposis	In der Vermittlungspraxis schwächelt das evidenzbasierte Wissen – zumindest herrscht Ungewissheit zwischen Traditionen, Erfahrungswissen und subjektiven Theorien, fundierten Infos und vielem mehr. FLEX mischt sich ein, um Ungewissheiten aufzulösen. Aber wer oder was ist FLEX? FLEX braucht Aufmerksamkeit. Und was bringt im Sport mehr Aufmerksamkeit als ein Rekord?
	Das Team der FLEX greift Mythen, Halbwahrheiten und auch gut begründetes Erfahrungswissen sowie deren Gehalt und Limitationen systematisch an. Die Team-Mitglieder teilen sich auf und untersuchen einen konkreten Vermittlungszusammenhang – ob Verein, Verband, Hochschule, App, Reha und mehr – X-Möglichkeiten. FLEX ist flexibel. Und systematisch. Sogar systematisch. Denn das Ziel liegt darin, undurchsichtige Kenntnisstände evidence-based zu durchleuchten. FLEX bringt Licht ins Dunkel der Ungewissheiten. Die Einzelprojekte stehen dabei nicht für sich. Sie kommen in einem Report zusammen, mit dem FLEX ins Spotlight tritt. Knackt FLEX' Report den Highscore?
	FLEX trägt das Evidence Experts im Namen. Das Team weiß also, was Evidenz ausmacht und wie sie methodisch zustande kommt. Das wissenschaftliche Mindset bereitet den Weg. ABER: Wissenschaftliches (empirisches) Wissen ist eine Form von Wissen und kein Joker in jedem Spiel. Wissenschaftliche Erkenntnisse lassen sich nicht ungebrochen in der Praxis einsetzen. FLEX ist sich dieses Limits bewusst und holt die Praxis mit in die Forschungsaction

liches in diesem Bereich identifizieren und sie zum Ausgangspunkt für Team FLEX machen.

Das Narrativ rahmt die inhaltliche Auseinandersetzung mit wissenschaftlichen Techniken im Kontext von systematischen Wissenssynthesen ein, z. B. (Aromataris und Pearson 2014; Liberati et al. 2009; Munn et al. 2018). Recherche, Auswahl und Analyse von (empirischen) Studienergebnissen bilden Bezugspunkte sowohl als eigene Tätigkeitsfelder als auch als Ausgangspunkt zur Diskussion wissenschaftlicher Methoden und deren Limitationen. Die Beschäftigung ist dabei anwendungs- und problemorientiert: Die Erstellung eigener, niederschwelliger Reviews dient der Beantwortung spezifischer Fragen alias der Durchleuchtung von Thesen, Alltagswissen, Mythen und mehr in der konkreten Vermittlungspraxis, der sich die einzelnen Mitglieder von FLEX widmen.

Für viele Studierende liegt die berufliche Perspektive außerhalb der Wissenschaft. Aus diesem Grund heraus soll dieser Praxisbezug Richtung Ende der Übung darin münden, ein wissenschaftliches Mind- und Toolset problemorientiert mit in die (spätere) Praxis zu nehmen und die an der Praxis beteiligten Akteure in diesen Forschungshabitus einzubeziehen – in dem Bewusstsein, dass beispielsweise ein wissenschaftlicher Zugang nur einen möglichen Zugang darstellt und auch in dem Verständnis, dass Wissenschaft ein anderes System als die mögliche (Sport-)Praxis ist – mit eigenen Regeln, Verfahrensweisen etc. Die Perspektive für eine Annäherung wissenschaftlicher und praktischer Praxis bietet zum Ende des Seminars deshalb Aktionsforschung z. B. (Bradbury-Huang 2010; Somekh 2010). Die Time-Line zeigt den inhaltlichen Verlauf der Übung – geplant für sieben zweiwöchig stattfindende Sitzungen á 90 min (Tab. 4.7).

Narrative Thinking: Game-Prinzipien bei FLEX
In Anlehnung an Schell (2009) lässt sich das Übungskonzept entlang der zentralen Prinzipien und Elemente der Gamifizierung berichten. Das Zusammenspiel der einzelnen Prinzipien und Elemente ist dabei entscheidend.

Narrativ errichtet das Konzept einen Zusammenhang, der die Bedeutung von wissenschaftlichen Herangehensweisen und Wissenschaft als Fundus an gesicherten Erkenntnissen aufbaut. Der erzählerische

Tab. 4.7 Timeline Flex

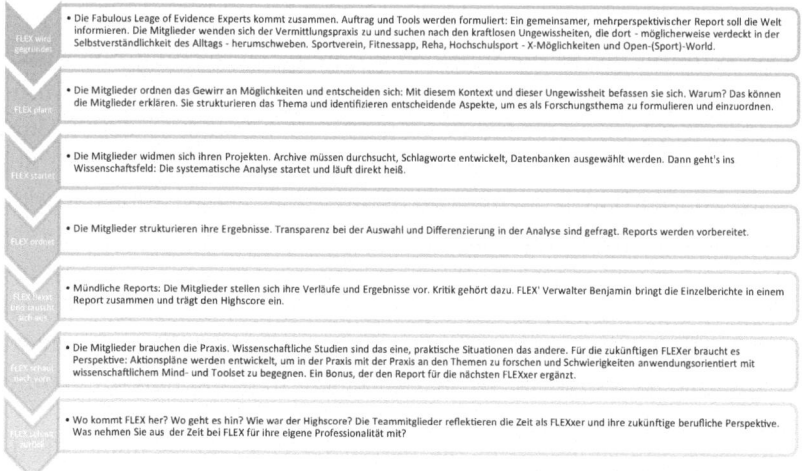

Rahmen bietet Studys einen Zugangspunkt zu der Thematik des wissenschaftlichen Arbeitens, der das Narrativ von Wissenschaftslogik und -system zwar aufgreift, aber nicht als einzige Begründung setzt. Wer möchte, kann die Story um FLEX mitgehen, um das eigene Tun in der Übung zu kontextualisieren. Das ist kein Muss, denn die Aufgaben funktionieren auch ohne Identifikation mit FLEX oder der Suche nach einem Highscore. Es ist ein Angebot.

Dieses narrative Angebot öffnete dabei der Idee nach verschiedene Türen: Die Tagline der Story macht klar, dass FLEX am Ziel gesicherter Erkenntnisse orientiert ist. Die Synopse bringt allerdings weitere Möglichkeiten ins Spiel, die Geschichte aufzugreifen: Der Dialog zwischen wissenschaftlichen Verfahrensweisen und Praxis-/Erfahrungswissen, die Durchleuchtung alltagspraktischer Mythen zur Vermittlung oder die Suche nach dem Rekord. Es ist kaum erwartbar, dass alle Studys in der Übung die Gesamtheit der Narrative in jedem Detail mitnehmen und sich mit den erzählerischen Rahmen vollständig identifizieren. Vielleicht bieten die verschiedenen Angebote jedoch Ansatzpunkte für unterschiedliche Spieltypen: Die Story bringt erzählerisch dafür Kollaboration und Interaktion, das Meistern des Highscores (z. B. Ehrgeiz, Wettbewerb) und die Individualisierung mit ein, durch den Fokus auf ausgewählte Vermittlungskontexte in der eigenen Lebens- bzw. Sportwelt.

Mechanisch spiegelt sich diese Möglichkeit zur Interaktion, Kompetition und Individualisierung demnach wieder. Auf sozialer Ebene strukturiert sich die Übung in Partner:innenarbeit für Einzelprojekte und die gesamte Teilnehmer:innenschaft als Mitglieder von FLEX. Dieser Aspekt kommt in der gemeinsamen Zielperspektive eines aufmerksamkeitsgenerierenden, highscore-knackenden Reports zum Tragen. Dazu ist die Übung vor allem als Aktions- und Interaktionsraum angelegt, nicht zur Referierung durch den Verwalter von FLEX (Dozenty). Probleme und Rückfragen entstehen in akuten Arbeiten und werden auch dann bearbeitet.

Die Mechanik des High-Scores trägt Ambivalenzen mit sich, beispielsweise als Anreiz für hilfreichen Ehrgeiz und Motivation vs. negativ empfundenen Druck und Abhängigkeit von anderen. Die Evaluation müsste zeigen, wie dieser Aspekt wahrgenommen wird. Um die negative Deutung zu entschärfen, steht es den Studys frei, ihren Report in die Berechnung des Highscores einzubinden. Bei der Berechnung des Highscores wäre das zu berücksichtigen, bspw. durch eine Kalkulation auf 20 Teilnehmende. Dazu bleibt es für die Studys intransparent, wie viele Punkte wann welche Teams mit einbringen. Zwar findet der Wettbewerb nicht kursintern statt – die Motivation kann also eher darin liegen, den Highscore der Übungen verschiedener Semester zu knacken. Dennoch muss nicht jeder diesen Wettbewerb gutheißen und an seinen Punktzahlen im Kurs gemessen werden wollen.

Die Punktzahlen ergeben sich deshalb auch in großen Teilen aus der Vollständigkeit und nur in bestimmten, punktuellen Situationen (dem mündlichen Bericht) aus der Qualität.

Die Berechnung der Punkte für den Kurs-Highscore, genannt Xpert Points (XP) verläuft wie folgt. Es können insgesamt 200 Punkte (gerechnet bei 20 Teilnehmenden) erreicht werden:

- Schriftlich im Rahmen der Erstellung der einzelnen Reviews als Bericht: Angaben zu Schlagworten (1), Datenbank (1), Auswahlkriterien (2), Flowchart (1) sowie Analyse der untersuchten Quellen (4; Inhalt, Methodik, Ausblick / Ableitung, Grenzen) und die Angabe

von Quellen (1). Maximal 10 Punkte pro Team können erreicht werden.
- Mündlich im Rahmen der Kurz-Präsentation als anonyme Punkteverteilung durch die Zuhörenden an den Kriterien: Transparenz (5) und Plausibilität (5). Bei Abweichungen wird konsensiert (bspw. durch die Aufforderung zur Begründung der niedrigsten oder höchsten Wertung). Maximal kann ein Team 10 Punkte erhalten und zum Highscore beisteuern. Den Teams müsste daran gelegen sein, hohe Punktzahlen auch bei den anderen Teams festzustellen: Es herrscht keine Konkurrenz, sondern eine gemeinsame Suche nach dem Highscore. Das ist als Problem zu vernachlässigen, da der Highscore nicht nach wissenschaftlicher Genauigkeit, sondern Motivation strebt. Außerdem mag dieser Sachverhalt zu ausgiebigeren Diskussionen bei der Vergabe der Punkte (inkl. Begründungen) führen, was wünschenswert wäre.

Die Punktzahl der schriftlichen Ausarbeitungen wird fortlaufend aktualisiert, da mit Beginn der Arbeiten erste Teilschritte online eingereicht werden können. Narrativ hängt der Versuch des Highscores mit der Idee der Aufmerksamkeitsgenerierung zusammen: FLEX ist neu und FLEX will bekannter werden. Motivation soll damit auf verschiedenen Ebenen der Mechanik angesprochen werden – in lockerer Anlehnung an die Selbstbestimmungstheorie (Ryan und Deci 2000; Ryan et al. 2006; Ryan und Deci 2017): Externale Anreize sind durch Punkte eingebunden, werden als Highscores aber in zwei Weisen weiterentwickelt: Für wettkampfinteressierte Studys besteht ein Anreiz in der Quantität des Highscores (ohne Kompetition innerhalb der Lerngruppe), für sozialorientierte Spieler:innen mag die *gemeinsame* Arbeit am Highscore ein motivierendes Projekt darstellen. So oder so: Die fortlaufende Aktualisierung der XP für den Highscore bietet ein fortlaufendes *Feedback* (an die Gruppe) und stellt Erfolg auf sichtbar. Dem Dozenty kommt die Aufgabe zu, einerseits den Fortschritt fortlaufend zu aktualisieren und einsehbar zu machen, und andererseits die finalen Berichte der Teams zu einem ansprechenden Gesamtreport zusammenzubringen – das Endprodukt soll auch ästhetisch den Wert der eingebrachten Arbeitsprozesse ausdrücken. Die Wahlfreiheit innerhalb der Themen soll subjektive

Abb. 4.5 Beispielhaftes Logo für die Fabulous League of Evidence Experts (FLEX)

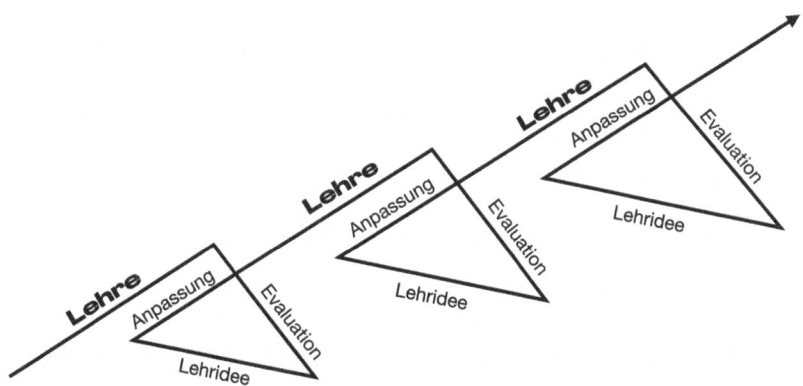

Abb. 4.6 Spiralmodell universitärer Lehre als Aktionsforschung, modifiziert nach Posch & Zehetmeier (2010)

Relevanz, persönlicher Lebenswelt- und Sportbezug sowie letztlich Autonomiebedürfnisse ansteuern. Die individuellen Narrative der Studys innerhalb des erzählerischen Rahmens und der curricularen Narrative hat theoretisch Raum durch die Möglichkeit, die eigene Bezugswelt auf Mythen, Thesen und mehr als Ausgangspunkt für Forschung zu befragen. In der Praxis muss sich dieser Anspruch allerdings erst bewähren.

Auf sachlicher und zeitlicher Ebene ist für das selbstorganisierte Arbeiten flexibles Material und Arbeiten notwendig, da einzelne Teilprojekte ggf. in unterschiedlichen Geschwindigkeiten ablaufen. Die ausgeschriebenen Meilensteine für die einzelnen Sitzungen strukturieren allerdings in gewisser Weise zeitlich den Arbeitsprozess. Aufgrund der gleichzeitigen Orientierung an Produkt und Prozess ist dies wohl kaum zu vermeiden bei der Erstellung von Forschungsberichten.

Auf der *Ebene des Mediums* greift das Konzept auf verschiedene Materialien zurück. FLEX wird mit einem Trailer per Video zusammengerufen und gegründet. Dafür sind Hard- und Software zum Entwickeln und zum Abspielen erforderlich auf den Endgeräten, die die Studys nutzen oder mit denen im Veranstaltungsraum der Trailer gezeigt wird.

Zum Material gehören ansonsten vor allem Screencasts und Videos zu wissenschaftlichen Techniken und dem Verfahren der Wissenssynthese sowie zugehörige Abbildungen und Quellen (für die eigene Vertiefung). Diese sind ein übliches Mittel in der Lehre, von daher auch bei den Studierenden bekannt. Auf dem Lernmanagement-System Moodle werden diese Dinge zur Verfügung gestellt. Gleichzeitig werden dort schrittweise Abgaben ermöglicht und der Fortschrittsbalken des Teams abgebildet. Der finale Bericht wird möglichst multimedial angereichert und abseits von Text illustrativ mit Abbildungen, Tabellen und auch in einem ansprechenden Design dargestellt.

Da ein Großteil der medialen Aufmachung den Studierenden aus anderen Kursen bekannt ist und wohl in der inhaltlichen Sache eher unauffällig ist, sind die *ästhetischen* Aufbereitungen in Bezug zu den anderen Prinzipien und insbesondere dem Narrativ entscheidend. Die Ästhetik betrifft dabei verschiedene Ebenen. In der optischen Gestaltung spielt FLEX als Narrativ in den maßgeblichen Materialien eine Rolle. Ein Logo ist ebenso denkbar wie eine Art von Corporate Identity bei der Farb- und Designgestaltung (Abb. 4.5). Beispielsweise wie folgt:

In der Trailergestaltung zur Übung und zur Gründung von FLEX spielt dies ebenfalls eine Rolle. Der Trailer ist zudem audiovisuell passend designt: Die anfängliche Line: *Who ya gonna call?*, wird hier mit dem Ghostbusters Theme aufgegriffen – beispielsweise in einer epischen Version oder aus den Neuverfilmungen, die sich auf Video-Plattformen finden (Original-Song von Ray Parker Jr.; Film *Ghostbusters* von 1984, Regie: Ivan Reitman; Drehbuch: Dan Aykroyd und Harold Ramis).

Die Rhetorik als Teil der Ästhetik greift FLEX und den Gründungshintergrund von FLEX als roten Faden auf. Ein Kernmotiv ist das wissenschaftliche Mindset im Umgang mit Ungewissheiten und Selbstverständlichkeiten. Dieses Kernmotiv wird rhetorisch umgesetzt. Diese sprachliche Gestaltung ist im Umgang mit den möglichen Ambivalenzen (die sich im Vorhinein zumindest vermuten lassen) notwendig: Der Highscore wird zum Beispiel weder als alleiniges Ziel oder Ende dargestellt, sondern als Zwischenstep in der Professionalisierung und als Anregung für die kommenden Anstrengungen. Denn im Kern liegt die Expertise von FLEX im gezielten, professionellen Einsatz des wissenschaftlichen Tool- und Mindsets – als (Lern-) Prozess.

4.4 Gamifizierung evaluieren

Gamifizierung ist ein Konzept und eine Methode zur Gestaltung effektiver Lernumgebungen. Eines ihrer Features ist besonders auffällig. Mit Blick auf den Diskurs im internationalen Raum tritt Gamifizierung als Ansatz auf, der sich in hohem Maße empirisch für seine Wirkungen interessiert. Welche Effekte hat Gamifizierung auf Motivation und Lernen? Unter welchen Bedingungen ist sie erfolgreich? Wie schneidet sie ab im Vergleich zu nicht-gamifizierten Lernsettings? Gamifizierung evaluiert sich. Evaluation tritt in der Praxis zahlreicher Gamifizierungen als eine Art eingebauter Mechanismus zur Selbstüberprüfung in Erscheinung. Gamifizierung handelt in diesem Sinne professionell, weil sie nicht einfach blind voranschreitet, sondern sich dafür interessiert, was sie warum bewirkt.

Wenn wir nicht gerade unsere gamifizierte Lehre selbst zum Gegenstand unserer Forschung machen (Koerner 2024; Koerner und Staller 2021a, b; Staller 2020; Staller und Koerner 2020), haben wir in der Hochschullehre in der Regel begrenzte Ressourcen, über die Planung und Durchführung hinaus noch Evaluation (Aktionsforschung, *siehe Tool*) zu betreiben. Vor allem, wenn wir viele unterschiedliche Lehrveranstaltungen im Stundenplan haben, dazu noch hohes Interesse an Forschung und vielleicht noch zusätzliche Verwaltungsaufgaben auf uns warten.

Die eigene Gamifizierung dann noch evaluieren zu wollen, kann so unter Umständen zur Belastung werden. In dieser Situation haben wir die Wahl. Nichts zu tun ist eine realistische Option: Sie bringt wenig Aufschluss über die Wirkung unserer Lehrkonzeption, ist aber je nach

Lage völlig ok. Gerade, wenn man andere Belastungen hat. Die gamifizierte Lehre von den üblichen zentralen Instrumenten evaluieren zu lassen, ist eine weitere Option. Sie bringt die üblichen Informationen. Immerhin. In der Regel können wir daraus schon wichtige Impulse für die zukünftige Gestaltung ableiten. Eine dritte Option besteht darin, eigene Evaluationsinstrumente zu entwickeln, die gezielt Wirkungen der gamifizierten Lehre erfassen, um daraus zu lernen und die Lehrkonzeption weiter zu entwickeln. Die Instrumente können unter Umständen in die zentrale Evaluation integriert werden. Oder aber wir evaluieren in Eigenregie, etwa unter Zuhilfenahme von Umfrageplattformen wie SosciSurvey.

Egal, wie wir es angehen. Die Gamifizierung unserer Hochschullehre wird von Evaluation profitieren. Evaluation ist ein zentraler Bestandteil der "Professionalisierung von unten" (siehe Kap. 1). Sie gibt uns Ideen, spiegelt uns wertvolle studentische Perspektiven und erhöht damit die Qualität der gamifizierten Lehre im Zeitverlauf. Durch Evaluation wird unsere Lehre zum fortlaufenden Lehr*projekt*. Sollten wir Ressourcen dafür haben, bietet die Aktionsforschung (*siehe Tool*) für unsere Lehrevaluation einen wertvollen Rahmen.

Unter Aktionsforschung verstehen wir eine systematisch reflektierte „Untersuchung beruflicher Situationen, die von Lehrerinnen und Lehrern selbst durchgeführt wird, in der Absicht, diese zu verbessern" (Posch und Zehetmeier 2010) S. 7, in Anlehnung an Elliott). Eines der zentralen Postulate dieses Ansatzes besteht darin, für unsere konzeptionellen Überlegungen zur Lehre dort einzuhaken, wo wir selber den Bedarf sehen. Aktionsforschung untersucht Themen, Probleme und Fragen der eigenen Lehrpraxis. Sie

- geht aus von konkreten Fragen, Herausforderungen und Problemen der Lehrpraxis,
- die Lehrys selbst durch eigene Beobachtungen oder studentische Rückmeldungen als relevant identifizieren,
- untersucht diese im Anschluss selbst mit niederschwelligen wissenschaftlichen Mitteln, und zwar
- „in the pursuit of practical solutions to issues of pressing concern." (Bradbury 2015) S. 4)

Abb. 17 zeigt allgemein den spiralförmigen Prozess der Aktionsforschung: Ausgehend von einer bereits „beforschten" und „angepassten" eigenen Lehrtätigkeit (Aktion), wird diese evaluiert (Forschung). Hierbei werden Daten mit niederschwelligen wissenschaftlichen Mitteln erhoben und analysiert. Innerhalb der Ergebnisse wird ein Aspekt (Problem, Frage, Herausforderung) als bedeutsam identifiziert. Mit Unterstützung von wissenschaftlicher Theorie und Empirie wird hierzu eine *Lehridee* entwickelt, die sich auf den Aspekt bezieht und diesen konstruktiv behandeln lässt. Daraufhin wird das Lehrkonzept *angepasst* und in der Praxis durchgeführt (Abb. 4.6).

Der Ansatz der Aktionsforschung bietet Reflexion durch Verfahren. Weil es ihr darum geht, pressierende Aspekte der eigenen Lehrpraxis zur Weiterentwicklung ebenjener zu untersuchen, wird der Einsatz wissenschaftlicher Mittel rigoros am Kriterium der *Machbarkeit* entschieden. Aufwendiger als zentrale Lehrevaluationen, ist das Verfahren dennoch im Lehralltag „machbar". Zum Einsatz kommen eben *niederschwellig* gestaltetet wissenschaftliche Verfahren: Begleitende Feldnotizen zur eigenen Lehre, Lehrtagebücher, geschlossene und offene Umfragen, Tonband- und Videoaufzeichnungen, einfache thematische, inhaltsanalytische und statistische Verfahren, der Einbezug eines "critical friend" (Posch und Zehetmeier 2010 S. 13) zur Beobachtung und Diskussion der eigenen Lehre etc.

Der Nutzen von Aktionsforschung kann bereits darin liegen, "nur" einen aus eigener und / oder studentischer Sicht relevanten Aspekt zu identifizieren und auf diesen hin die Lehrkonzeption anzupassen. Aus der frühen Phase unserer Gamifizierungen ist uns z. B. noch eine Feldnotiz markant in Erinnerung: "Zeit für alle sichtbar machen → Stoppuhr!". Wir hatten gemerkt, dass die bloße Vorgabe und Ansage einer auf 90 s begrenzten Zeit für die Wiederholung von Inhalten der letzten Stunde durch ein Studenty-Team regelmäßig nicht dazu geführt hatte, dass sich diese wirklich an die Zeitvorgabe hielten. Im folgenden Semester haben wir dafür auf einer Folie für alle sichtbar einen "Countdown Timer" herunterlaufen lassen. Das hatte eine ganz andere Wirkung. Die Inhalte waren straffer, Fokus und Spannung im Seminar waren höher. Für die Anpassung reicht mitunter ein Aspekt. Aktionsforschung zur gamifizierten Lehre entfaltet ihre Wirkung in einem kontinuierlichen Prozess.

Wie die Evaluation einer gamifizierten Lehrveranstaltung mit niederschwelliger Wissenschaft aussehen kann, zeigt folgendes Beispiel. Evaluiert wurden zwei gamifizierte Seminare an der Deutschen Sporthochschule Köln aus dem Wintersemester 2022/2023. Neben der standardisierten Evaluation der Hochschule, die unter anderem eine Gesamtbewertung der Veranstaltung beinhaltete, wurde die Teilnahmequote erhoben und eine eigene Umfrage zum Lehrprojekt auf der Plattform SosciSurvey durchgeführt. Letztere umfasste offene Fragen zum Lernen (Was hast du bei der Veranstaltung besonders gut gelernt / weniger gut gelernt?) und Gefallen (Was hat dir an der Veranstaltung gut gefallen / weniger gut gefallen?) sowie eine quantitative Gesamtbewertung.

Die Daten der eigenen und zentralen Umfrage zur Gesamtbewertung der Seminare wurden mit dem Statistikprogramm SPSS deskriptiv nach Prozenten, Mittelwerten und Standardabweichungen ausgewertet. Die Auswertung der offenen Umfrage (Rücklaufquote 39 %) erfolgte entlang der *thematic analysis* nach (Braun und Clarke 2006, 2021) unter Verwendung der Software MAXQDA (Kuckartz 2014). Das Ziel bestand darin, im vorhandenen Datensatz relevante Themen zur Frage nach dem „Lernen & Gefallen" zu identifizieren. Als Analysestrategie kam dafür die datengesteuerte induktive Entwicklung von Themen zum Einsatz (Graneheim et al. 2017). Tab. 4.8 gibt zeigt einen Auszug der ermittelten positiv / negativ wahrgenommenen Aspekten der Seminare.

Die thematische Analyse mittels MAXQDA sowie die visuelle Aufbereitung der Daten hat ca. einen Arbeitstag in Anspruch genommen. Im Ergebnis liefert sie eine informative Übersicht zu den aus studentischer Sicht positiven und negativen Aspekten der Lehre. Im Detail zeigt die Tabelle mehrere interessante Datenpunkte, die den Ausgangspunkt für eine Anpassung der Lehrkonzeption bilden können.

Tab. 4.8 Positive und negative Aspekte der narrativ gamifizierten Lehre (Auszug)

Oberthemen	n		
Unterthemen 1. Ordnung		n	
Unterthemen 2. Ordnung			n
Bedeutungseinheiten				n
Positive Aspekte	189		
Lehr- und Lernsetting		66	
Positive Vermittlungsaspekte			44
Kreative Vermittlung				4
Foliendesign gefallen				7
Praxisbeispiele gefallen				6
Interaktive Vermittlung				8
...				...
Positive Inhaltsaspekte			22
Guter Workload				4
Diversifikation der Inhalte				3
Wissenschaftliche Inhalte				1
Spannende, relevante, interessante Themen				8
...				...
Effekte der Lehre		56	
Positive Lerneffekte			27
Vermitteln gelernt				7
Konkrete Inhalte gelernt				7
...				...
Positive Motivation / Emotion			22
Anregend und inspirierend				14
Spaß gemacht				7
anstrengend				1
Positive soziale Effekte			7
Seminaratmosphäre				7
Gamifizierung gefallen		38	
Konzept gefallen			8
League-Ansatz gefallen				4
Lernumgebung gefallen			8	3
Rahmengeschichte gefallen				3
Schlüssige Geschichte				...
...				
Lernen durch spielen gefallen			4	
Durch Spielen Inhalte verständlicher				1
...				...
Organisation in Teams gefallen			8	
Teams als Lerngruppe				4
...				...
Homepage gefallen			10	

(Fortsetzung)

Tab. 4.8 (Fortsetzung)

Oberthemen	n	Unterthemen 1. Ordnung	n		
Website					7
Selbstgemachte Videos auf HP					3
Lehrperson			10		
Positive psycho-soziale Aspekte				9	
Mühe					4
Kontextuelle Aspekte			7		
Andersheit im Vergleich positiv				7	
Anders als andere Seminare					7
Dank & Anerkennung			12	12	12
Negative Aspekte	31				
Negative Effekte der Lehre			3		
Nicht gelernt				1	
Lösung für Umgang mit adipösen Kindern					1
Vergessen				2	
Vergessen einiger Inhalte					2
Gamifizierung			10		
Konzeptionelle Probleme				10	
Verwirrung zu Beginn des Semesters					5
Zu spielerisch					2
…					…
Kontextuelle Probleme			4		
Problematische Uhrzeit				4	
Montags morgens 08.00 Uhr problematisch					4
Lehr- und Lernsetting			10		
Probleme der Vermittlung				8	
Fehlender persönlicher Bezug zu Videospielen					2
Auf Folien war zu wenig drauf					2
…					…
Probleme der Inhalte				2	
Artikel in englischer Sprache					2
Nichts			4	4	4

- So wurde z. B. die im Rahmen der Gamifizierung entwickelte Homepage, die unter anderem einen „Level-Up" Bereich mit vertiefenden Inhaltsangeboten umfasst hat, positiv als Möglichkeit hervorgehoben, zeit- und ortsunabhängig auf „spaßige" (Studenty 8) Weise mit den Inhalten der Lehre zu interagieren. Dieses Interaktionspotenzial ließe sich weiter ausbauen. Welche Medien und Features könnten hierzu eine produktive Rolle spielen?

- Die genutzte Side-Story der Gamifizierung, in der ein (fiktiver) Zwillingsbruder des Dozenten die Lehre übernahm, weil dieser keine Zeit hatte, hat hingegen bei einigen Studentys Verwirrung erzeugt. Dieser Punkt ließe sich ebenfalls aufgreifen und anpassen: Wie komplex und uneindeutig kann die Story für ein universitäres Seminar sein?
- Ein spannendes Datum liefern die Aussagen zweier Studentys, die die interne Bezugnahme auf Videospiele im Seminar kritisch erwähnt haben (in-vivo Code: „Weil ich nicht in dieser Thematik drin bin", Studenty 11). Offensichtlich wird hier eine teilweise Diskrepanz lebensweltlicher Bezüge von Studenty und Dozent, die u. a. die Frage nach der zukünftigen Nutzung ebenjener lebensweltlichen Bezüge aufwirft.
- Aus Sicht zweier Studentys war die Gamifizierung „zu spielerisch". Das trifft die Idee der Gamifizierung im Kern. Wie könnte Anpassung hier aussehen?[2]

Die Beispiele machen das Potenzial der evaluierenden Aktionsforschung deutlich.

Nach rein wissenschaftlichen Kriterien bewertet, gehen mit der Aktionsforschung beachtenswerte Limitationen einher. Der Vorteil praktischer Anwendbarkeit zahlt natürlich den Preis eingeschränkter methodischer Verfahrenskontrolle, was wiederum den rein wissenschaftlichen Erkenntniswert einschränkt. In rein wissenschaftlicher Betrachtung wären eine genauere und rigidere Erhebung und Analyse wünschenswert (Hamari et al. 2014). Ebenso wünschenswert wären Vergleichsstudien mit Interventions- und Kontrollgruppen, wie sie im wissenschaftlichen Gamifizierungsdiskurs anzutreffen sind (Bai et al. 2020).

Für eine an Professionalitätsmaßstäben orientierte Lehrpraxis, als deren Teil die Evaluation hier begriffen wird (Körner et al. 2024), ist die Komplexifizierung wissenschaftlicher Methoden allerdings ziemlich dysfunktional. Die verwendeten wissenschaftlichen Instrumente folgen hier nicht der Autopoiesis der Wissenschaft (Nassehi und Saake 2002), sondern Notwendigkeiten der Lehrpraxis und dem Bedürfnis einer

---

[2] Die ausführliche Evaluation und Ideen dazu finden sich in (Koerner 2024).

„Professionalisierung von unten". Bildlich gesprochen fungieren die Instrumente der Aktionsforschung als eine Art Kompass. Der Kompass muss lediglich zu einem für die gamifizierte Lehrkonzeption interessanten nächsten Datenpunkt führen.

Outro

18:12. Die Lehrkonzeptdarstellung von Benjamin, Swen und Mario dauerte. Hätten die drei, die regelmäßig gamifizieren, sich nur mehr auf den Inhalt fokussiert und weniger auf ihre Personen. So ließen sie – nachdem sie genauso schnell verschwunden sind, wie sie gekommen sind – einen etwas ratlosen Le[3/h]r-Gang zurück.

Mo: Boah… was für eine Selbstdarstellung.
Linda: Ich fand's aufregend.
ChatPTC: Nach inhaltlicher Verarbeitung der Präsentation kann ich die Kühlung meiner Rechenleistung komplett abstellen.
Daniel Gilles: Senn die doof? Die machen sich ja komplett zum Deppen? Do kann ich och met min Trecker en Kaffee koche.

Derweil hüpft der Zeiger auf der großen Uhr über der Tür auf die nächste Zahl: 18:13.

Literatur

Bai, S., Hew, K. F., & Huang, B. (2020). Does gamification improve student learning outcome? Evidence from a meta-analysis and synthesis of qualitative data in educational contexts. *Educational Research Review, 30*, 100322. https://doi.org/10.1016/j.edurev.2020.100322

Behr, R. (2020). Dominanzkultur und Gewalt: Das strukturelle Problem der Polizei. *Blätter Für Deutsche Und Internationale Politik, 10*, 13–16.

Boivin, R., Faubert, C., Gendron, A., & Poulin, B. (2018). The 'us vs them' mentality: a comparison of police cadets at different stages of their training. *Police Practice and Research, 5*(1), 1–13. https://doi.org/10.1080/15614263.2018.1555480

Bradbury, H. (2015). *The SAGE Handbook of Action Research*. SAGE. https://doi.org/10.4135/9781473921290

Braun, V., & Clarke, V. (2006). Using thematic analysis in psychology. *Qualitative Research in Psychology*, *3*(2), 77–101. https://doi.org/10.1191/1478088706qp063oa

Braun, V., & Clarke, V. (2021). Can I use TA? Should I use TA? Should I not use TA? Comparing reflexive thematic analysis and other pattern-based qualitative analytic approaches. *Counselling and Psychotherapy Research*, *21*(1), 37–47. https://doi.org/10.1002/capr.12360

Cockcroft, T., & Hallenberg, K. M. (2022). Unpacking the Blue Box: structure, control and education in policing. *Policing and Society*, *32*(9), 1146–1165. https://doi.org/10.1080/10439463.2021.2016755

DSHS (2021). *Modulbeschreibung BAS2: Verhaltens- und sozialwissenschaftliche grundlagen*. DSHS Köln.

Graneheim, U. H., Lindgren, B.-M., & Lundman, B. (2017). Methodological challenges in qualitative content analysis: A discussion paper. *Nurse Education Today*, *56*, 29–34. https://doi.org/10.1016/j.nedt.2017.06.002

Hamari, J., Koivisto, J., & Sarsa, H. (2014). Does Gamification Work? – A Literature Review of Empirical Studies on Gamification. *2014 47th Hawaii International Conference on System Sciences*, 3025–3034. https://doi.org/10.1109/hicss.2014.377

Hochschule für Polizei und öffentliche Verwaltung Nordrhein-Westfalen. (2022). *Modulhandbuch Bachelorstudiengang Polizeivollzugsdienst – Ab dem Einstellungsjahrgang 2022*. https://www.hspv.nrw.de/dateien_studium/studium-und-lehre/BA/pvd/modulbeschreibung/15_Modulhandbuch_PVD_ab_EJ_2022__idF_vom_30.08.2022_gltg_ab_01.09.2022_.pdf

Kemme, S., Hanslmaier, M., & Abdul-Rahman, L. (2021). Effects of selection and socialization within the police force on officers' attitudes toward punishment and authoritarianism: a comparison between police students and the general population. *Police Practice and Research*, *22*(7), 1718–1738. https://doi.org/10.1080/15614263.2021.1921582

Koehler, D. (2022). From Superiority to Supremacy: Exploring the Vulnerability of Military and Police Special Forces to Extreme Right Radicalization. *Studies in Conflict & Terrorism*, 1–24. https://doi.org/10.1080/1057610x.2022.2090047

Koerner, S. (2024). *Narrative Gamifizierung in der sportwissenschaftlichen Lehre. Konzeption – Durchführung – Evaluation*. Nomos.

Koerner, S., & Staller, M. (2021a). "Where did you learn to fight?" Gamification of an online fighting class for students at German Sport University Cologne. In N. Denk, A. Serada, A. Pfeiffer, & T. Wernbacher (Eds.), *A Ludic Society* (pp. 359–376). Donau-Universität Krems.

Koerner, S., & Staller, M. S. (2021b). Kämpfen? Online! Universitäre Praxislehre in Zeiten von Corona, eine mögliche Bereicherung für den Schulsport? *Sportunterricht, 70*(1), 29–33.

Koerner, S. (2023). *AGENTS of BAS2.*

Körner, S., & Staller, M. S. (2023). Kontrolle der Kontrolle: Systemtheoretische Überlegungen zur Gewalt im System der Polizei. *Soziale Systeme, 27*(1–2), 35–61. https://doi.org/10.1515/sosys-2022-0003

Körner, S., Bonn, B., & Staller, M. S. (2024). *Grundlagen wissenschaftlichen Arbeitens im Sport. Ein Leitfaden für Studium und Beruf.* Springer.

Kuckartz, U. (2014). *Qualitative Text Analysis: A Guide to Methods, Practice & Using Software.* 159–160. https://doi.org/10.4135/9781446288719.n7

Nassehi, A., & Saake, I. (2002). Kontingenz: Methodisch verhindert oder beobachtet? ? Ein Beitrag zur Methodologie der qualitativen Sozialforschung[Contingency: Methodically prevented or observed? A contribution to the methodology of qualitative social research]. *Zeitschrift Für Soziologie, 31*(1), 66–86.

Posch, P., & Zehetmeier, S. (2010). *Aktionsforschung in der Erziehungswissenschaft.*

Stabsstelle Rechtsextremistische Tendenzen in der Polizei NRW. (2021). *Stabsstelle Rechtsextremistische Tendenzen in der Polizei NRW: Abschlussbericht – Band 1 – Auftrag, Lagebild, Datenerhebungen und Handlungsempfehlungen.*

Staller, M. (2020). „Ich bin nur die Vertretung…" – Narrative Gamifizierung in der Psychologie Lehre an einer Hochschule der Polizei.

Staller, M. S., & Koerner, S. (2022). (Non-)learning to police: A framework for understanding police learning. *Frontiers in Education, 7,* 730789. https://doi.org/10.3389/feduc.2022.730789

Staller, M., & Koerner, S. (2020). *Is it a Crime? The Non-Definition of Gamification.* https://doi.org/10.13140/rg.2.2.30122.24002

Aromataris E, Pearson A. The systematic review: an overview. Am J Nurs. 2014 Mar;114(3):53-8. doi: 10.1097/01.NAJ.0000444496.24228.2c. PMID: 24572533.

Liberati A, Altman DG, Tetzlaff J, Mulrow C, Gøtzsche PC, Ioannidis JP, Clarke M, Devereaux PJ, Kleijnen J, Moher D. The PRISMA statement for reporting systematic reviews and meta-analyses of studies that evaluate health care interventions: explanation and elaboration. PLoS Med. 2009 Jul

21;6(7):e1000100. doi: 10.1371/journal.pmed.1000100. Epub 2009 Jul 21. PMID: 19621070; PMCID: PMC2707010.

Munn Z, Peters MDJ, Stern C, Tufanaru C, McArthur A, Aromataris E. Systematic review or scoping review? Guidance for authors when choosing between a systematic or scoping review approach. BMC Med Res Methodol. 2018 Nov 19;18(1):143. doi: 10.1186/s12874-018-0611-x. PMID: 30453902; PMCID: PMC6245623.

Bradbury-Huang, H. (2010). What is good action research?: Why the resurgent interest? Action Research, 8(1), 93-109. https://doi.org/10.1177/1476750310362435

Somekh, B. (2010). The Collaborative Action Research Network: 30 years of agency in developing educational action research. Educational Action Research, 18(1), 103–121. https://doi.org/10.1080/09650790903484566

Ryan, R. M., & Deci, E. L. (2000). Self-determination theory and the facilitation of intrinsic motivation, social development, and well-being. American Psychologist, 55(1), 68–78. https://doi.org/10.1037/0003-066X.55.1.68

Ryan, R. M., Rigby, C. S., & Przybylski, A. (2017). The Motivational Pull of Video Games: A Self-Determination Theory Approach. Motivation and Emotion, 30(4), 344–360. https://doi.org/10.1007/s11031-006-9051-8

Ryan, R. M., & Deci, E. L. (2017). Self-determination theory: Basic psychological needs in motivation, development, and wellness. The Guilford Press. https://doi.org/10.1521/978.14625/28806

5
Level 4 – Teach like a Game-Designer

Der Zeiger der Uhr hat keine Angst. Unerbittlich zeigt er an: 18.15 Uhr. Bei Daniel Gilles sieht es anders aus. Er weiß, dass er nur noch 45 Minuten hat, um Mia ein innovatives Lehrkonzept zu präsentieren. Andernfalls würde er seinen Traktor verlieren – seine geliebte Massey Furgeson. In Gedanken verloren – und mit ganz viel Liebe – denkt er an seine MF. „Rrrr-rrrr-rrrr-VROOOM…chug-chug-chug-chug"… Das Gefühl, wie er zärtlich den 4-Zylinder anlässt…„Rrrr-rrrr-rrrr-VROOOM…chug-chug-chug-chug"… Wenn er liebevoll das Pedal mit dem Fuß touchiert wenn er … „Rrrr-rrrr-rrrr-VROOOM…chug-chug-chug-chug"

Linda: Ey, Daniel. Telefon. Geh' mal ran!
Daniel Gilles: [nimmt den Anruf an] Un?
Mia: Mir hat ein Pony gezwitschert, dass dein Traktor bald mir gehört. Der Punkt ist: Ihr habt keine Ahnung wie man gamifiziert. Nur weil ihr ein paar Typen eingeladen habt, die euch – neben der enormen Selbstdarstellung – ihre Konzepte vorgestellt haben, heißt das noch gar nichts. Konzepte können nämlich nicht 1 zu 1 kopiert werden. Har Har… Deswegen bekomme ich ja auch deinen Traktor und keine Kopie von meinem. Har Har.

ChatPTC: Ich verstehe nicht [rechnet]
Daniel Gilles: Pass mal op, Mia. In 45 Minuten wess de dich hart bei mir entschuldige, während ich met dem Traktor vom Hof fahre. Mein Konzept wärd dich umhaue. Ich wärd nämlich... Dat Konzept beinhaltet... also genaujesaht... ach, warte einfach ab. So, ich muss oplegen. Tschüss. [legt auf]
Mo: Ok... das ist ja mal 'ne harte Ansage. Wir wissen doch eigentlich immer noch nicht wie wir es machen sollen. Meine Wahrscheinlichkeitsprognose einer erfolgreichen Gamifizierung sinkt wieder. Auf 1,98 %.
Prof.'in Ami Sellig: Naja, eigentlich haben wir schon ein wenig was gelernt. Wir wissen warum es Sinn machen kann, welche Prinzipien einer Gestaltung es gibt und wie eine beispielhafte Gamifizierung aussehen kann.
Mo: Exponentieller Anstieg des Erfolgs auf 2,03 %
Prof.'in Ami Sellig: Aber, ja. Uns fehlen noch konkrete Tools, um selbst eine erfolgreiche Gamifizierung durchzuführen.
Mo: 1,56 %
Linda: Sag mal Mo, Was bist du für ein Pessimist? Das finde ich aufregend.
Prof.'in Ami Sellig: Ich könnte mir vorstellen, dass wir da nochmal bei Basti Seitenberger und Na M. Sepur nachhören sollten.
Linda: Genau. Veni, Vidi,..
Alle: Seitenberger.
Mo: Ja, ich hab's verstanden. Wir müssen investieren… in Menschen, Organisationen und..
Alle: Kryptowährungen.
ChatPTC: Durchsuche Musikdatenbank nach LMFAO.
Linda: Und was soll uns das bringen?
ChatPTC: „Party rock is in the house tonight, everybody just have a good time (yeah)"

Als das Party Rock Anthem aus dem blechernen Lautsprecher des ChatPTC Laptops dröhnt, mischt sich unter den Sound ein schleifendes Geräusch. Wie von Füßen, die über den Boden schlürfen… oder besser shuffeln. In der Tür werden die Konturen von zwei Personen erkennbar.

Mo: Nam!!!!
Linda: und Basti!!!

5 Level 4 – Teach like a Game-Designer

Lässig zieht Nam seine weiß umrandete Sonnenbrille nach unten, während Basti shuffelnd mit vorgeschobenem Kopf und geballter rechter Faust in die Gruppe schaut.

Basti Seitenberger: Hey Yoah... We are back.
Na M. Sepur: ...und wir haben was dabei: Den Batgürtel der Gamifizierung (Abb. 5.1). Ich hab sogar ein Bild auf dem Handy [zeigt stolz das Bild in die Runde]
ChatPTC: Ich übersetze: Die beiden haben verschiedene Werkzeuge – auch als Tools bezeichenbar – mitgebracht, aus dem ihr euch bedienen könnt, um damit eine Lehrveranstaltung zu gamifizieren.

Während die Begeisterung im Seminarraum 0815 kein Ende findet, findet der Sekundenzeiger auf der Uhr über der Tür das Ende seiner Umdrehung. Mit einem leisen „Klick" springt der Minutenzeiger einen Strich nach vorne: 18:18 Uhr (Abb. 5.1).

Abb. 5.1 Der Bat-Gürtel der Gamifizierung. Ist er unter dem Umhang?

Gamifizierung ist eine interessante Option für das Design von Hochschullehre. Dabei ist aller Anfang schwer. Im Folgenden stellen wir die nach unserer Auffassung wichtigsten und nützlichsten Werkzeuge für den Einstieg vor (Abschn. 4.1). Wir beschreiben kurz, was sie jeweils bedeuten, wozu sie nütze sind und geben in den meisten Fällen ein konkretes Sheet für die eigene Anwendung an die Hand. Mit den dargestellten Tools kann die Gamifizierung praktisch losgehen.

Im Kontext der Gamifizierung fallen immer wieder Fachbegriffe, auf die wir auch hier Bezug genommen haben. Eine Auswahl dieser Begriffe und ihre Bedeutung im Kontext der Gamifizierung stellen wir in unserem Glossar vor (Abschn. 4.2).

5.1 Tools

5.1.1 Aktionsforschung

Was ist das?
Aktionsforschung (engl. „action research") ist ein anderer Begriff für eine systematisch reflektierte, also an einem wissenschaftlichen Mindset orientierte Praxis. Aktionsforschung geht von Problemen bzw. Herausforderungen der eigenen Lehr-Praxis aus. Sie sucht dann mithilfe von niederschwelligen wissenschaftlichen Verfahren nach Lösungen, die in der Praxis umsetzbar sind und diese verbessern.

Was nützt mir das?
Der Ansatz eignet sich hervorragend für die Evaluation der eigenen Lehr-Praxis, was im Kontext des Modells Professioneller Lehre *(siehe Tool)* ein Merkmal professioneller Lehre ausmacht. Aktionsforschung dient der eigenen persönlichen Weiterentwicklung („Professionalisierung von unten"). Das Besondere an der Aktionsforschung besteht darin, dass es wirklich nur darum geht, z. B. einen als wichtig identifizierten Aspekt der Praxis mithilfe von passenden Forschungsmethoden

zu verbessern. Wissenschaftliche Methoden werden hier der Praxis angepasst und untergeordnet.

Wie nutze ich das?
Aktionsforschung behandelt Fragen und / oder Daten aus dem Kontext der eigenen Lehre. Du könntest dir z. B. eine für deine gamifizierte Lehr-Praxis wichtige Frage stellen „Wie wirkt meine gamifizierte Lehre auf die Motivation und das Lernen meiner Studentys?"

Um Daten zu dieser Frage zu erheben, reichen einfache und praktisch umsetzbare Methoden wie z. B. Feldnotizen, Video- oder Tonaufzeichnungen oder Umfragen. Die Auswertung erfolgt ebenfalls mit einfachen statistischen und / oder inhaltsanalytischen Mitteln. Zeigen sich innerhalb der Daten wichtige und interessante Aspekte oder Muster, können diese mithilfe wissenschaftlicher Theorie und Empirie reflektiert werden. Das Ergebnis könnte dazu führen, den betreffenden Aspekt im Rahmen der gamifizierten Lehrkonzeption – wissenschaftlich informiert – zu modifizieren. Wiederholt angewendet, führt das Verfahren der Aktionsforschung zu einer dynamischen Entwicklung der eigenen Lehre.

Weiterführende Quellen

Dege, M. (2016). Aktionsforschung. In *Perspektiven kritischer Psychologie und qualitativer Forschung* (2nd ed., Vol. 5, pp. 317–348). Springer. https://doi.org/10.1007/978-3-658-14020-5_1
Posch, P. (2009). *Aktionsforschung und Kompetenzentwicklung.* https://uol.de/fileadmin/user_upload/diz/download/Veranstaltungen/Tagungen/Nordverbund_Posch_Text.pdf

5.1.2 Bauplan Gamifizierung

Was ist das?
Der Bauplan Gamifizierung wurde in seiner ursprünglichen Version von Schell (2015), einem Game-Designer entwickelt. Der Bauplan umfasst

vier Komponenten, die passend aufeinander abzustimmen sind: Story, Ästhetik, Mechanik und Medium.

- *Story* meint die Geschichte einer gamifizierten Lernumgebung. Die Geschichte kennt eine Mission, eine Ausgangslage und ein Ziel (z. B. „Die Welt retten"; „Ein Drehbuch schreiben"), benennt Protagonistys und Gegenspielys und beinhaltet mögliche Handlungsverläufe. Die Geschichte kann einfach, aber auch komplex (Narrative Gamifizierung, *siehe Tool*) sein.
- *Ästhetik* meint alles, was der sinnlichen Wahrnehmung zugänglich ist. Die Ästhetik einer gamifizierten Lernumgebung, ihre Räume, Gegenstände und Requisiten sind so zu designen, dass sie zur Story passen und die Sinne der Lernys ansprechen. Comenius lässt grüßen.
- *Mechanik* meint bei Shell alles, was die Lernys einer gamifizierten Lernumgebung an die Inhalte und Aufgaben bindet. Darunter fallen vor allem die Design-Prinzipien Meaningful Play, Feedback, Gameplay Balance und Flow.
- *Medium* meint alles, was an technologischer und materialer Infrastruktur für ein gamifiziertes Lernen benötigt wird (vom Blatt Papier über HDMI-Adapter bis hin zur Stoppuhr).

Was nützt mir das?
Das Modell hilft dabei, eine insgesamt stimmige gamifizierte Lernumgebung zu entwickeln, indem es das Zusammenspiel von Story, Ästhetik, Mechanik und Medium hervorhebt. Eine *Story*, die auch ästhetisch transportiert wird, ist wirkungsvoller als eine ohne entsprechende sinnliche Repräsentation. Eine tolle *Mechanik* ist ggf. noch funktionaler, wenn der Grund für die Bearbeitung einer Aufgabe in eine rahmende Geschichte eingebettet ist. Die *Ästhetik* einer Auftragsfolie kommt nur dann zur vollen Geltung, wenn die Präsentationstechnik funktioniert. Den Bauplan nutzen wir selber seit Jahren für die Gestaltung unserer Lehre.

Wie nutze ich das?
Praktisch arbeiten wir mit folgendem einfachen Toolbox-Sheet (Abb. 5.2), in das sich die Ideen zur Gamifizierung eintragen lassen.

(D)EINE GAMIFIZIERUNGS-TOOLBOX

- STORY
- ÄSTHETIK
- MECHANIK
- MEDIUM

Abb. 5.2 Das Toolbox-Sheet zur Gamifizierung nach Schell (2015)

Im Zusammenhang mit dem Bauplan Gamifizierung empfehlen wir noch die Bezugnahme auf das Modell Professioneller Lehre (MPL, *siehe Tool*). Das Design von Gamifizierung profitiert davon, die im MPL enthaltenen Dimensionen professioneller Lehre einzubeziehen.

Quelle

Schell, J. (2015). *The Art of Game Design – A Book of Lenses* (Second Edition). CRC Press.

5.1.3 Modell Professioneller Lehre

Was ist das?
Das Modell Professioneller Lehre (MPL) begründet Professionalität in der Lehre in der Bezugnahme auf sechs Bereiche, die in einem qualitativen Zusammenhang stehen. In seiner ursprünglichen Version kommt das Modell aus der Coaching-Science im Sport und wurde im Anschluss auf weitere Handlungsfelder wie Unterricht, Prävention und Lehre übertragen (Körner et al. 2024). Das Modell unterscheidet die Wer-, Was-, Wie-, Kontext-, Praxis- und Selbst-Dimension professioneller Vermittlung (Abb. 2.2).

- *Selbst-Dimension*: Reflexion auf das eigene Lehry-Selbst (z. B. Was will ich warum verbessern, erreichen? Welche Annahmen habe ich in Bezug auf die Lehre?)
- *Wer-Dimension*: Reflexion auf die Voraussetzungen der Lernys (z. B. Welche Erwartungen haben Lernys?)
- *Was-Dimension*: Reflexion auf die Inhalte der Lehrveranstaltung (z. B. Welche Inhalte sieht die Modulbeschreibung vor? Wie operationalisiere ich die Vorgaben?)
- *Wie-Dimension*: Reflexion auf die Gestaltung der Lernumgebung (z. B. Wie kann ich gamifizieren? Narrativ?)
- *Kontext-Dimension*: Reflexion auf Kontextbedingungen der Lehrveranstaltung (z. B. Welche Prüfungsform ist vorgesehen? Welches Leitbild hat meine Hochschule?)
- *Praxis-Dimension*: Konzeption, Durchführung und Evaluation der Lehre (z. B. Was sagen bisherige Evaluationen?)

Was nützt mir das?
Die Reflexion der Bezüge professionalisiert mein Lehry-Selbst (« Professionalisierung von unten »). Praktisch liefert die Reflexion wichtige Orientierungen und Ansatzpunkte für das Vorhaben der Gamifizierung.

Wie nutze ich das?
Die Reflexion der Bezüge lässt sich z. B. systematisch mit folgendem Toolbox-Sheet vornehmen (Tab. 5.1).

Tab. 5.1 Toolbox-Sheet zur Reflexion professioneller Lehr-Bezüge

Veranstaltung	Titel der Lehrveranstaltung
Kontext-Dimension	
Was-Dimension	
Wer-Dimension	
Wie-Dimension	
Praxis-Dimension	
Selbst-Dimension	

Quelle

Körner, S., Bonn, B., & Staller, M. S. (2024). *Toolset wissenschaftliche Methoden im Sport. Ein Leitfaden für Studium und Beruf.* Springer.

5.1.4 Story-Bible

Was ist das?
Im Design narrativ gamifizierter Lernumgebungen bildet die Story-Bible ein Referenzdokument, das alle wichtigen Aspekte der Story beschreibt. Neben der initialen „Was wäre, wenn...?"-Frage kann die Story-Bible eine Tagline, Logline und Synopsis der Handlung enthalten.

- *„What if...?".* – Der „Was wäre, wenn...?"-Satz entwirft das Szenario der Geschichte
- *Tagline* – Die Tagline formuliert den Inhalt der Geschichte prägnant mit einem Satz. Sie weckt Emotionen.
- *Logline* – Die Logline liefert eine klare Vorstellung des Problems, der Mission, der Handlung.
- Synopsys – Die Synopsys stellt das Problem, die Mission, die Handlung sowie beteiligte Charaktere detaillierter dar.

Was nützt mir das?
Für das Design gamifizierter Lernumgebungen, insbesondere für die Narrative Gamifizierung, ist die Erstellung einer kurzen Story-Bible hilfreich. Die Bible dient als Leitfaden, um die Konsistenz in der Erzählung, der Mission, der Charakterentwicklung sowie die Beziehung der Story zu anderen Design-Elementen sicherzustellen. In Bezug auf den Bauplan Gamifizierung (*siehe Tool*) ist die Story-Bible ein hilfreiches Tool, um die Story-Komponente der gamifizierten Lernumgebung zu entwickeln und auszuarbeiten.

Wie nutze ich das?
Für das Story-Design mit Unterstützung einer Story-Bible kann folgendes Toolbox-Sheet genutzt werden (Tab. 5.2):

Tab. 5.2 Toolbox-Sheet Story-Bible

Story-Design	Titel der Lehrveranstaltung
„What if…?" Tagline Logline Synopsys	

5.1.5 Gamifizierung mit KI erstellen

Was ist das?
Generative künstliche Intelligenzen greifen auf das Training mit großen Datenmengen zurück, um Texte oder Bilder zu entwickeln. Beispielsweise bildet der Chatbot ChatGPT („Generative Pretrained Transformer") von OpenAI ein Modell, das menschenähnliche Texte auf die Eingabe von Aufforderungen (prompts) produziert. Im Bereich von Bild- oder Videoerstellung gibt es mittlerweile ebenfalls verschiedene Möglichkeiten, künstliche Intelligenz zu nutzen.

Was nützt mir das?
Gamifizierung mit KI transformiert Konzepte der Lehre. Im Fall von narrativer Gamifizierung liegt ein wichtiger Orientierungspunkt in der Story. Für Gamifizierung muss nicht auf generative KI zurückgegriffen werden. Falls es allerdings schwerfällt, die Story zu entwickeln oder einzelne Materialien – womöglich in einer spezifischen, storybezogenen Rhetorik – zu erstellen, kann eine generative KI als Unterstützung hilfreich sein. Wahrscheinlich lässt sich auch ein ganzes Konzept mit einigen Angaben erstellen, dass verschiedene Gamedesign Elemente berücksichtigt. Natürlich musst du die Ergebnisse deiner Eintragungen prüfen und sie außerdem sinnvoll in dein Konzept einbauen.

Wie sieht das an einem Beispiel aus?
Für ein Beispiel haben wir ChatGPT um eine kurze Geschichte gebeten, die sich im Bereich der Vermittlung im Sport aufgreifen lässt. Die Story sollte für gamifizierte Lehre einen Ausgangspunkt bieten, in diesem Fall ganz konkret zur Vermittlung im Sport. Nach einigen Prompts zum Setting (Science Fiction), dem Problem (Schwierigkeit der Vermitt-

lung) und der Länge (Kürzung der ersten Antworten) brachte die KI folgenden Passus hervor.

„*In der Stadt NeoSportia, wo Technologie und Sport verschmelzen, lebte eine junge Erfinderin namens Maya. Sie erschuf eine holographische Sportarena für eine neue Sportart namens Holo-Ball. Die Spieler interagierten mit holographischen Objekten, um den Ball zu bewegen und Tore zu erzielen. Maya integrierte Lektionen über Zusammenarbeit und kreative Problemlösung in das Training der Spieler. Doch bald stellte sich heraus, dass einige Spieler Schwierigkeiten hatten, sich an die holographische Umgebung anzupassen. Maya erkannte, dass erfolgreiche Vermittlung im Sport mehr als nur technologische Innovation erfordert. Sie passte das Training an, indem sie die Spieler schrittweise mit der Technologie vertraut machte und individuelle Unterstützung anbot.*"

Ob die Story gefällt oder nicht, sei dahingestellt. Sie ließe sich auch mit wenigen Aufforderungen in Rhetorik, Inhalt und Aufbau anpassen. Für eine Lehr-Veranstaltung in diesem Bereich könnte man zumindest überlegen, ob man auf dieser Basis weiter das Konzept entwickelt. Falls Rollenkarten, Dialoge oder andere Materialien benötigt werden, würde dies mit weiteren Aufforderungen wohl machbar sein. Natürlich können auch bekannte Fiktionen eine Rolle spielen – beispielsweise durch die Aufforderung einer Story eines bestimmten Universums oder auf Basis eines bestimmten Buches. Das Beispiel soll nicht bedeuten, dass eine KI genutzt werden sollte; es soll nur zeigen, dass es möglich ist – und wenn es nur beim Ausprobieren und Inspirieren hilft. In jedem Fall ist gemäß des Modells professionellen Lehrens die Entscheidung für die Art und Weise der Gamifizierung – und damit auch der Story – im besten Fall gut zu begründen.

5.1.6 Narrative Bezüge

Was ist das?

Im Kontext der Narrativen Gamifizierung zählt die Auswahl narrativer Bezüge zu den sehr maßgeblichen Design-Entscheidungen. Es geht also um die Gestaltung der (Rahmen-) Erzählung für die Gamifizierung. Mit narrativen Bezügen sind jene Ausgangspunkte und grundlegenden

Überlegungen gemeint, die sich auf die Auswahl und Gestaltung der Narrative beziehen. Letztlich steht damit die Frage im Vordergrund: Wie gestalte ich die Story?

Was nützt mir das?
Narrative Bezüge zu durchdenken ist für eine narrative Gamifizierung zentral. Eine gute Geschichte fesselt. Und eine gut begründete Narrativierung kann der Gamifizierung einen hilfreichen und motivierenden erzählerischen Rahmen bieten. Natürlich lassen sich Bezüge für die Narrativierung aus eigenen Interessen und Ideen ableiten (Selbst-Dimension) – das kann ein super Ausgangspunkt sein, wenn es passt. Für eine professionelle Gestaltung empfehlen wir darüber hinaus, narrative Bezüge aus verschiedenen Richtungen her zu durchdenken.

Wie nutze ich das?
Orientiert am Modell Professioneller Lehre, kommen folgende Bezüge in Frage

- In der *Was-Dimension* (Was wird vermittelt?) geht es darum, die relevanten Inhalte der Vermittlung zu kennen. Die Inhalte sind in der Regel eingebettet in Narrative. In Bezug auf Narrative sind in der Was-Dimension vor allem zweierlei Aspekte zu durchdenken: Erstens, welche Narrative kennzeichnen den jeweiligen Inhaltsbereich (z. B. „Welche Narrative kennzeichnen den Sport? Welche Narrative kennzeichnen die Vermittlung im Sport")? Zweitens, inwiefern nimmt das Narrativ der Gamifizierung auf diese Narrative Bezug bzw. wie lässt sich eine narrative Passung zu den Inhalten herstellen? Wie aktuelle sozialpsychologische Forschungen nahelegen, gewinnen Inhalte durch Narrative an Überzeugungskraft (Ecker et al. 2022).
- In der *Wer-Dimension* (Wer wird unterrichtet?) geht es darum, Lernys in ihren jeweiligen Voraussetzungen im Blick zu haben. Hierzu zählen deren Wünsche und Bedürfnisse sowie die geistigen, emotionalen, motivationalen, körperlichen und sozialen Voraussetzungen und Besonderheiten. Auch hier spielen Narrative in mehrfacher Hinsicht eine Rolle. Lernys selbst folgen individuellen und kollektiven Narrativen. Sie haben eine Erzählung darüber, wer sie selbst als

Person sind bzw. sein möchten und folgen dabei ggf. auch überindividuellen Entwürfen – wie etwa die Anhängys der „letzten Generation" dem Narrativ der Weltenrettung durch zivilen Ungehorsam. Die Wechselwirkungen zwischen individuell bedeutsamen Narrativen, den Narrativen anderer und deren realitätsschaffender Wirkung sind schon lange ein Thema der Forschung (Abbott 2008; Jung 1968). In Bezug auf Narrative in der Wer-Dimension sind vor allem die Narrative der Lernys zu beachten. Was sind – in Abwandlung eines Buchtitels von (McAdams 1993) – die *Stories they live by*? Narrativ gamifiziertes Lernen, das aus den Narrativen der Lernys schöpft bzw. das gewählte Narrativ an Lerny-Narrative anschließen kann, bewegt sich in und mit deren Lebenswelten. Das wiederum kann die Lernmotivation beflügeln.

- In der *Wie-Dimension* (Wie wird gelehrt?) geht es darum, effektive Lernumgebungen gestalten zu können. Darunter fällt u. a. der begründete Einsatz von Methoden der Vermittlung wie Gruppenarbeit, Frontalunterricht oder methodische Übungsreihen. In Bezug auf Narrative ist in der Wie-Dimension vor allem deren Konzeption und Einsatz im Kontext der Gamifizierungsmethode zu durchdenken. Welche Rolle und Funktion sollen Narrative innerhalb der Gamifizierung von Lernumgebungen haben? Wie werden Narrative sinnvoll mit weiteren Game-Design Elementen und Prinzipien verknüpft?

- In der *Kontext-Dimension* geht es darum, beim Lehrdesign die Bedingungen des jeweiligen Lehrkontexts zu berücksichtigen. An Universitäten zählen hierzu u. a. bindende Studien- und Prüfungsordnungen, vorhandene räumliche, sachliche und soziale Ressourcen, Selbstmythen (z. B. Elite-Universität, Deutschlands einzige Sportuniversität etc.) oder Leitbilder der Lehre wie „forschendes Lernen". In Bezug auf Narrative ist in der Kontext-Dimension vor allem die Passung zu prüfen. Z. B., passt das gewählte Narrativ der Gamifizierung zu den Inhalten, Verfahren und Zielen der Studien- und Prüfungsordnung? Beachtenswert ist zudem, dass universitäre Lehrveranstaltungen ihre eigenen Narrative pflegen. Dazu gehören u. a. die Narrative, dass Lernen durch Lehren bewirkt wird, abgeleistete ECTS-Punkte den Grad der Auseinandersetzung mit Inhalten dokumentieren oder dass Prüfungen eine Steuerungsfunktion für

Karrieren besitzen. Es sind diese und weitere Narrative, die Studien- und Prüfungsereignissen ihren besonderen Sinn verleihen. Wohlgemerkt, ihre Funktion besteht darin, Sinn zu stiften. Und nicht unbedingt darin, wahr zu sein.

- In der *Selbst-Dimension* geht es um die Fähigkeit, eigene Voraussetzungen des Lehrens reflektieren zu können. Darunter fällt u. a. die Reflexion eigener Annahmen darüber, wie Lernen funktioniert oder die Frage nach dem eigenen Rollenverständnis als Lehry. In Bezug auf Narrative besteht in der Selbst-Dimension die einzigartige Möglichkeit, eigene narrative Vorlieben und Lebensweltbezüge in der Lehre bewusst platzieren zu können. Für das Lehr-Design bedeutet dies konkret, alle bislang betrachteten narrativen Bezüge durch das Nadelöhr eigener Entwürfe zu betrachten und in einen sinnvollen Zusammenhang zu setzen. Indem man Lehre entlang von Narrativen konzipiert, die einem selbst etwas bedeuten, überträgt sich diese Bedeutung auf die Lehre. Das schließt ein, dass narrative Bezüge auch aus eigenen Interessen und Expertisen resultieren können: Warum nicht Anlehnungen aus dem Lieblingsfilm, dem letzten Computerspiel oder einem guten Buch zum Ausgangspunkt für die Erzählung machen, wenn es passt?
- In der *Coaching-Praxis* laufen alle Dinge zusammen. Hier wird konkret Hand angelegt. Lehrkonzepte werden entwickelt, durchgeführt und ausgewertet, die Ergebnisse im Kontext der aufgeführten Bereiche reflektiert, der Prozess des Planens, Machens und Überprüfens wird von vorne angestoßen usf. In Bezug auf Narrative ist hier konkret die Erzählung der Lehrveranstaltung zu entwickeln. *Welches Narrativ könnte im Durchgang der fünf vorherigen Bezüge relevant sein?* Zur konzeptionellen Entwicklung gehört dabei auch die Entscheidung, wie sehr die Erzählung im Prozess der Lehre „affordances" im Sinne von (Majuri et al. 2018) S. 9) bereithält. Für eine erhöhte Immersion der Lernys spricht nicht zuletzt, dass diese im Verlauf der Lehre mit eigenen Beiträgen an der Geschichte mitschreiben und dadurch den Handlungsverlauf mitbestimmen können. Aus der Evaluation narrativ gamifizierter Lehrveranstaltungen können wiederum Rückschlüsse auf Gelingens- und Misslingensbedingungen gezogen werden. Diese informieren den nächsten Zyklus, usf.

Die Dimensionen des Modells Professioneller Lehre stellen jeweils Möglichkeiten der narrativen Bezugnahme her und begründen diese. Die Auswahl von Narrativen für den Einsatz in der gamifizierten Lehre muss nicht zwingend auf alle Dimensionen ausgerichtet sein. Dennoch ist davon auszugehen, dass ein Narrativ, das zu den Lernys (*Wer-Dimension*), zum Kontext (*Kontext-Dimension*), zu den Inhalten (*Was-Dimension*) und zu einem selbst (*Selbst-Dimension*) passt und zudem stringent auf weitere Gamifizierungselemente bzw. -prinzipien bezogen ist (*Wie-Dimension*), in der Praxis (*Praxis-Dimension*) die Zielfunktion Narrativer Gamifizierung besser erfüllt.

Quelle

Abbott, H. P. (2008). *The Cambridge Introduction to Narrative*. 13–27. https://doi.org/10.1017/cbo9780511816932.004

Ecker, U. K. H., Lewandowsky, S., Cook, J., Schmid, P., Fazio, L. K., Brashier, N., Kendeou, P., Vraga, E. K., & Amazeen, M. A. (2022). The psychological drivers of misinformation belief and its resistance to correction. *Nature Reviews Psychology, 1*(1), 13–29. https://doi.org/10.1038/s44159-021-00006-y

Jung, C. G. (1968). *Man and His Symbols* (Vol. 2). Dell Publishing. https://doi.org/10.1080/03634525309376603

Majuri, J., Koivisto, J., & Hamari, J. (2018). *Gamification of Education and Learning. A Review of Empirical Literature*. 3025–3034. https://doi.org/10.1109/hicss.2014.377

McAdams, D. (1993). *The Stories We Live By*. Guildford Press.

5.2 Glossar

5.2.1 Alternate Reality Game

Ein Alternate Reality Game (ARG) ist ein interaktives Spiel, das reale Umgebungen mit fiktiven Szenarien vermischt. Spielys lösen Rätsel und folgen Geschichten, oft im Team, die sich über verschiedene virtuelle Medien und reale Orte erstrecken. Aus Spiely-Perspektive zielen ARG darauf ab, eine immersive Erfahrung zu ermöglichen. Eine zentrale Strategie von ARG besteht darin, die Grenzen zwischen Spiel und Realität zu verwischen (ikonisch ist der Hinweis: "This is not a game"). Im Design gamifizierter Lernumgebungen, vor allem im Kontext Narrativer Gamifizierung, können Elemente von ARG eine zentrale Rolle spielen, etwa wenn es darum geht fiktiven Spiel- und Lernszenarien eine realistische Anwendungsumgebung zu geben.

5.2.2 Autonomie

Menschen erleben sich als autonom, wenn sie aus ihrer Sicht die Freiheit haben, ihr Handeln und Entscheiden selber wählen zu können. Im Kontext der aus der Psychologie stammenden Selbstbestimmungstheorie (Ryan et al. 2006) ist Autonomie neben Kompetenz und sozialer Eingebundenheit eines von drei menschlichen Grundbedürfnissen. Wird das Bedürfnis nach Autonomie befriedigt, sind Menschen motiviert. Computerspiele sind bekannt dafür, in ihrem Design bewusst viel Raum für das autonome Handeln von Spielys zu geben. Dies betrifft u. a. die Wahl von Charakteren und Schwierigkeitsgraden, die Erkundung von Spielwelten oder auch die Interaktion mit der Spielumgebung sowie mit anderen Charakteren. Innerhalb des Designs gamifizierter Lernumgebungen spielt die Berücksichtigung von Autonomie eine zentrale Rolle, etwa bei der Wahl unterschiedlicher Schwierigkeitsgrade und Lösungswege sowie auch bei der Wahl von Zeitpunkten der Aufgabenbearbeitung und des Lernens.

5.2.3 Quelle

Ryan, R. M., Rigby, C. S., & Przybylski, A. (2006). The Motivational Pull of Video Games: A Self-Determination Theory Approach. *Motivation and Emotion, 30*(4), 344–360. https://doi.org/10.1007/s11031-006-9051-8

5.2.4 Badge

In Computerspielen ist ein Badge bzw. Abzeichen eine virtuelle Auszeichnung, die Spielys für das Erreichen bestimmter Meilensteine, das Erfüllen spezifischer Aufgaben und Herausforderungen oder das Demonstrieren von Fähigkeiten innerhalb des Spiels verliehen wird. Badges dienen als Anerkennung für die Leistungen des Spielys und können motivierend wirken, indem sie das Erreichen weiterer Badges im Spielverlauf in Aussicht stellen. In vielen Spielen sind Badges mit bestimmten Vorteilen verbunden, etwa dem Freischalten neuer Fähigkeiten, Level oder Zusatzinhalte. Innerhalb gamifizierter Lernumgebungen gehören Badges zu den Design-Elementen.

5.2.5 Easter Egg

Ein Easter Egg in Computerspielen ist eine versteckte Botschaft, ein Objekt oder ein Feature, das von den Entwicklern als geheimer Inhalt eingebaut wurde. Sie sind in der Regel schwer zu finden und erfordern spezielle Aktionen oder Bedingungen, um entdeckt oder aktiviert zu werden. Easter Eggs dienen in der Regel keinem direkten Spielzweck, sondern sind eher eine Form von Insider-Witz oder Bonus für neugierige und explorative Spielys. Easter Eggs werden oft in Bezug auf Referenzen in der Popkultur oder frühere Spiele des Entwicklers eingesetzt. Sie können aber auch einfach nur Insider-Scherze des Entwicklungsteams sein. Im Design gamifizierter Lernumgebungen können Eastereggs eingesetzt werden, um versteckte Hinweise (etwa durch QR-Codes, Anagramme), etwa auf Lösungen, Hintergründe oder reale Sachverhalte zu geben.

5.2.6 Element, Game Design

Unter einem Game-Design Element versteht man ein typisches Element, das Entwickler für das Design von Computerspielen nutzen. Viele dieser Elemente spielen eine tragende Rolle in der Gamifizierung.

Nach Deterding et al. (2011) besteht Gamifizierung exakt in der Übertragung von Game-Design-Elementen auf nicht-game Kontexte. Der Idee nach übertragen Elemente wie Wettkampf, Badges, Punkte, Zeitlimits oder Level ihre jeweilige Spielfunktion auf die gamifizierte Lernumgebung, d. h. sie stimulieren die Leistung, fokussieren die Aufmerksamkeit und motivieren Anschlusshandlungen. Eine Übersicht zu bekannten Game-Design Elementen in der Gamifizierung gibt die Gamification-Taxonomie von (Toda et al. 2019).

5.2.7 Quellen

Toda, A. M., Klock, A. C. T., Oliveira, W., Palomino, P. T., Rodrigues, L., Shi, L., Bittencourt, I., Gasparini, I., Isotani, S., & Cristea, A. I. (2019). Analysing gamification elements in educational environments using an existing Gamification taxonomy. *Smart Learning Environments*, 6(1), 16. https://doi.org/10.1186/s40561-019-0106-1
Deterding et al. Fehlt

5.2.8 Evaluation

Im Modell Professioneller Lehre (Abb. 2.2) ist Evaluation ein fester Bestandteil der Lehrpraxis. Evaluation bezieht sich hier auf die Analyse und Reflexion der eigenen Lehre. Eine Möglichkeit zur Evaluation bietet die sogenannte Aktionsforschung (*siehe Tool*). Die Ergebnisse stimulieren Veränderungen am bestehenden Lehrkonzept. Systematisch eingesetzt, bildet Evaluation ein zentrales Merkmal von Professionalität in der Lehre. Für gamifizierte Lernumgebungen sind Evaluationen eine wichtige Informationsquelle zu den eigenen Effekten.

5.2.9 Experience Pathways

Experience Pathways sind Erfahrungswege. Im Design gamifizierter Lernumgebungen ist das Bereitstellen verschiedener Experience

Pathways mit gleichen Inhalten, aber unterschiedlichen Aneignungsbedingungen, ein wichtiges Tool. Für die Ausgestaltung der Erfahrungswege können unterschiedliche curriculare oder lebensweltliche Bezüge genutzt werden. Zum Beispiel

- praxisbezogene Erfahrungswege für jene, die Lehrinhalte auf Praxis anwenden möchten;
- wissenschaftsbezogene Erfahrungswege für jene, die sich vor allem für wissenschaftliche Evidenz und evidenz-erzeugende Verfahren interessieren;
- storybezogene Erfahrungswege für jene, die ihr Lernen gerne von Geschichten rahmen lassen möchten;
- oder auch spielbezogene Erfahrungswege für jene, die Freude daran haben, spielerisch zu lernen.

Die Design-Idee beim Bereitstellen verschiedener Experience Pathways besteht darin, die Immersion der Studentys zu erhöhen. Die selbstbestimmte Wahl sowie ggf. auch der Wechsel zwischen verschiedenen Experience Pathways befriedigt das Bedürfnis nach Autonomie. Idealerweise führt dies zu einer vertieften Auseinandersetzung mit den Lerninhalten.

5.2.10 Feedback

In gamifizierten Lernumgebungen bedeutet Feedback, das Lernen so zu designen, dass Lernys unmittelbares prozessbezogenes Feedback zu ihren Entscheidungen und Handlungen bekommen. Durch Feedback merken sie, dass ihre Handlungen Konsequenzen haben und den Spielverlauf voranbringen. Das Feedback soll zum Weitermachen und nächsten Anlauf motivieren. Es kann aus den Aufgaben selbst heraus erfolgen, indem Lernys sehen, fühlen oder hören können, ob die aktuell gewählte Handlung eine passende Handlung ist – oder nicht. Feedback unterstützt die Bedeutsamkeit individueller Entscheidungen und Handlungen und bewertet diese.

5.2.11 Fiktion & Wirklichkeit

Fiktion & Wirklichkeit, das Erfundene und das Reale, sind zwei Modi der Weltbegegnung. Im Design gamifizierter Lernumgebungen kann, wie in einem Alternate Reality Game (*siehe Glossar*), mit beiden Modi gespielt werden. Reale Sachverhalte können mit erfundenen Elementen verbunden werden. Das Verwischen der Grenze zwischen Wirklichkeit und Fiktion kann die Immersion in das spielerische Lernen erhöhen.

5.2.12 Flow

Flow zählt zu den Prinzipien des Game-Designs. In einer gamifizierten Lernumgebung das Flow-Prinzip zu berücksichtigen bedeutet, das Lernen so zu designen, dass Lernys Gelegenheiten vorfinden, im Tun aufzugehen. Derartige Gelegenheiten werden dadurch ermöglicht, dass die Schwierigkeit bzw. der Anforderungscharakter von Aufgaben abgestimmt ist auf die individuellen Voraussetzungen. Das größte Flow-Potenzial geht von Aufgaben aus, deren Schwierigkeitsgrad leicht über den aktuellen Fähigkeiten und Fertigkeiten des jeweiligen Lerny liegt. Unterforderung erzeugt Langeweile, starke Überforderung frustriert und demotiviert. Lernen Menschen in einem Bereich, in dem fordernde Aufgaben zu den (erwarteten) Kompetenzen passen, *fließt* das Handeln. Auch und gerade dann, wenn diese scheitern. Ein gut balanciertes Verhältnis von Anforderung und Fähigkeiten motiviert dazu, die Lösung der Aufgabe fortzusetzen – denn bei jedem nächsten Mal könnte es klappen. Das Flow-Konzept impliziert, dass Lernys unterschiedliche Voraussetzungen mitbringen. Darauf folgt praktisch für das Design von Lernumgebungen, Aufgaben mit unterschiedlichen Schwierigkeitsgraden für das Lernen einer bestimmten Fähigkeit zu entwickeln und diese selbstbestimmt wählen zu lassen.

5.2.13 Game-based learning

Game-based learning bezieht sich auf den Einsatz von Spielen in Bildungskontexten, mit dem Ziel, das Lernen zu fördern. Es basiert auf der

Idee, dass die motivierenden und interaktiven Aspekte von Games genutzt werden können, um Lerninhalte auf eine ansprechende und effektive Weise zu vermitteln. Ein Unterschied zur Gamifizierung kann darin gesehen werden, dass sich Game-based learning in der Regel auf den Einsatz ganzer Spiele bezieht, während Gamifizierung darin besteht, den gesamten Lernkontext durch den Einsatz von Elementen, Prinzipien und Modellen des Game-Designs zu einer spielerischen Lernumgebung werden zu lassen.

5.2.14 Gameplay Balance

Gameplay Balance ist ein Design-Prinzip von Computerspielen. Im Design gamifizierter Lernumgebungen bedeutet Gameplay Balance z. B., das Lernen so zu designen, dass Anstrengung, Einsatz und die Bereitschaft, etwas zu wagen, das auch Scheitern kann, einen fairen Unterschied machen. Der Unterschied zeigt sich im Handlungsvollzug, im Ergebnis und in der Rückmeldung. Das Prinzip der Gameplay Balance erzeugt neben Anstrengung auch Spannung – was bereits unabhängig vom Ergebnis motivierend wirken kann. Wenn dann noch das erhoffte Ergebnis eintritt und entsprechend durch Fortschritt und Anerkennung „belohnt" wird, verstärkt dies die Motivation. Fair ist ebenso, sich bei Aufgaben für weniger Anstrengung und Risiko zu entscheiden und dabei zu wissen, dass die Fortschritte kleiner ausfallen. Im Prinzip der Gameplay Balance ist das Scheitern eine wichtige und notwendige Voraussetzung für den Spielfortschritt und das Lernen. Orientieren sich gamifizierte Lernumgebungen am Prinzip des Gameplay Balance, dann sind u. a. Wahlmöglichkeiten, gestufte Belohnungen und schnelle Neustartoptionen nach gescheiterten Anläufen zentrale Design-Komponenten.

5.2.15 Gewalt

Computerspiele werden häufig mit Gewalt assoziiert. Richtig ist, dass zahlreiche Spiele und Genres explizite Gewaltdarstellungen beinhalten.

Richtig ist genauso, dass ein linearer Zusammenhang zwischen dem Spielen gewalthaltiger Computerspiele und aggressivem Verhalten derzeit nicht nachgewiesen ist (Przybylski und Weinstein 2019). Dessen ungeachtet ist es auch im Kontext gamifizierter Lernumgebungen wichtig und fruchtbar, den komplexen Gewaltbezug von Computerspielen aktiv zu thematisieren (Körner und Staller 2023).

5.2.16 Quellen

Körner, S., & Staller, M. S. (2023). The Violence of Violence: Reflexive Violence in The Last of Us 2 as Pedagogical Potential. In N. Koenig, N. Denk, A. Pfeiffer, T. Wernbacher, & S. Wimmer (Eds.), *Freedom | Oppression | Games & Play* (pp. 297–309). University of Krems Press. https://doi.org/10.48341/ttmb-rz82

Przybylski, A. K., & Weinstein, N. (2019). Violent video game engagement is not associated with adolescents' aggressive behaviour: evidence from a registered report. *Royal Society Open Science, 6*(2), 171474. https://doi.org/10.1098/rsos.171474

5.2.17 Kompetenz

Menschen erleben sich als kompetent, wenn sie das Gefühl haben, effektiv mit ihrer Umwelt interagieren zu können, oder noch einfacher gesagt: Wenn sie sich als Ursache beabsichtigter Wirkungen erleben. Im Kontext der aus der Psychologie stammenden Selbstbestimmungstheorie (Ryan et al. 2006) ist Kompetenz neben Autonomie und sozialer Eingebundenheit eines von drei menschlichen Grundbedürfnissen. Wird das Bedürfnis nach Kompetenz befriedigt, sind Menschen motiviert. Computerspiele sind bekannt dafür, in ihrem Design bewusst viel Raum für Kompetenzerleben zu geben. Innerhalb des Designs gamifizierter Lernumgebungen spielt die Berücksichtigung des Bedürfnisses nach Kompetenz eine zentrale Rolle und wird u. a. durch Feedback, Belohnungen und das Bereitstellen unterschiedlicher Schwierigkeitsgrade unterstützt.

5.2.18 Quelle

Ryan, R. M., Rigby, C. S., & Przybylski, A. (2006). The Motivational Pull of Video Games: A Self-Determination Theory Approach. Motivation and Emotion, 30(4), 344–360. https://doi.org/10.1007/s11031-006-9051-8

5.2.19 Kontextualisierung, pädagogische

Im Design gamifizierter Lernumgebungen ist die Kontextualisierung eingesetzter Elemente, Prinzipien und Modelle die Schlüsselaufgabe. In Bildungskontexten wie jenen der Hochschullehre sind Spielbezüge kein Selbstzweck, sondern eingebettet in „ernste" organisationale Zwecke und Ziele. Der Einsatz von Gamifizierung bedarf deshalb einer im weitesten Sinne pädagogischen Kontextualisierung (etwa in curriculare Anforderungen und Ziele).

5.2.20 Leaderboard

Ein Leaderboard ist eine Rangliste, die die Leistungen oder Punktzahlen von Spielern innerhalb eines Computerspiels anzeigt. Das Leaderboard dient dazu, einen Wettbewerb zwischen den Spielern zu fördern, indem es ihre Ergebnisse miteinander vergleicht. Sie motivieren Spieler, ihre Fähigkeiten zu verbessern und höhere Ränge zu erreichen, indem sie Anreize für das Erreichen von Spitzenpositionen bieten. Innerhalb gamifizierter Lernumgebungen gehören Leaderboards zu den Design-Elementen. Ihr Einsatz erfolgt hier mit den gleichen Absichten wie im Computerspiel.

5.2.21 Level

Level bezeichnet ein Game-Design Element. Sie markieren eine bestimmte Phase oder ein Stadium innerhalb eines Computerspiels, das die Spielys abschließen müssen, um voranzukommen. Jedes Level bietet in der Regel eine spezifische Umgebung, Herausforderungen und Ziele, die sich von anderen Levels unterscheiden können. Die Komplexität und der Schwierigkeitsgrad der Levels können im Verlauf des Spiels zunehmen. Levels dienen dazu, das Spiel in handhabbare Abschnitte zu unterteilen, die Spieler schrittweise durchlaufen, während sie Fähigkeiten erlernen, die Geschichte entdecken oder Punkte sammeln. Oft beinhalten Level Endgegner oder besondere Herausforderungen am Ende, deren Bewältigung den Übergang zum nächsten Level ermöglicht. Die Levelfunktionen können im Design gamifizierter Lernumgebungen eine Rolle spielen.

5.2.22 Meaningful Play

Meaningful Play ist ein Game-Design Prinzip. Meaningful Play bedeutet, das Lernen so zu designen, dass Entscheidungen und Handlungen von Lernys bedeutsam sind. Sie beeinflussen den Verlauf des Geschehens. Indem der Einfluss eigener Entscheidungen und Handlungen im Lernprozess sichtbar wird, wirkt der Prozess auf das Lerny zurück. Auf diese Weise erlebt sich das Lerny selbst als bedeutsam, weil es selbst den Unterschied im Handlungsverlauf macht und diesen mitträgt. Die entwicklungspsychologischen Bezüge zur Selbstkonzept- und Selbstwirksamkeitsförderung liegen hier auf der Hand. Orientieren sich gamifizierte Lernumgebungen am Prinzip des Meaningful Play, dann sind sie so zu designen, dass Entscheidungen und Handlungen in ihnen eine besondere Bedeutsamkeit bekommen.

5.2.23 Multiplayer Mode

Der Multiplayer Mode ermöglicht es zwei oder mehreren Spielys, ein Computerspiel gleichzeitig oder abwechselnd zusammen oder gegeneinander zu spielen. Dieser Modus kann lokal auf demselben Gerät oder in einem lokalen Netzwerk oder online über das Internet mit Spielern aus der ganzen Welt realisiert werden. Multiplayer-Spiele bieten eine Vielzahl von Spielmodi, darunter Kooperation, bei der Spieler zusammenarbeiten, um gemeinsame Ziele zu erreichen, und Wettbewerb, bei dem Spieler gegeneinander antreten. Der Multiplayer-Modus fördert soziale Interaktionen und Wettbewerb und erhöht oft die Wiederspielbarkeit und das Engagement der Spielys.

5.2.24 Narrative Thinking

Game-Design Elemente und Prinzipen werden bei der Konzeption und Durchführung einer narrativen Gamifizierung von der Story her organisiert. Narrative Thinking (Körner 2024) bezeichnet – analog zum Game-Thinking (Kapp 2012) – die gewichtete Orientierung an der Erzählung. Story und Story-Elemente durchziehen die gesamte Gestaltung der Gamifizierung. Sie bilden den Rahmen und setzen die genutzten Prinzipien und Elemente in einen erzählerischen Bedeutungszusammenhang.

5.2.25 Quelle

Kapp, K. M. (2012). The gamification of learning and instruction: Game-based methods and strategies for training and education. Pfeiffer.

Körner, S. (2024). Narrative Gamifizierung in der sportwissenschaftlichen Hochschullehre Konzeption—Durchführung—Evaluation (1. Auflage). Nomos.

5.2.26 Narrative

Narrative sind Repräsentationen ausgedachter oder tatsächlicher Ereignisse bzw. Ereignissequenzen mit sprachlichen, akustischen oder visuellen Mitteln (Abbott 2008). Dargestellte Ereignisse sagen uns etwas, sie handeln von etwas, erzählen uns etwas, sie sprechen uns an, ordnen Dinge und fordern uns ggf. zum (Mit-)Denken und (Mit-)Handeln auf. Im Design gamifizierter Lernumgebungen können Narrative eine wichtige Rolle spielen. Sie verleihen der Gamifizierung eine Repräsentation.

Im Kontext Narrativer Gamifizierung spielen Narrative die Hauptrolle. Die komplette Gamifizierung wird vom Narrativ her entwickelt. Diesen Prozess bezeichnen wir als Narrative Thinking. Alle anderen Komponenten der Gamifizierung werden dem Narrativ untergeordnet (Koerner 2024).

5.2.27 Quelle

Abbott, H. P. (2008). *The Cambridge Introduction to Narrative.* 13–27. https://doi.org/10.1017/cbo9780511816932.004

Koerner, S. (2024). *Narrative Gamifizierung in der sportwissenschaftlichen Lehre. Konzeption – Durchführung – Evaluation.* Nomos.

5.2.28 Pointifizierung

In Teilen der Gamification Literatur steht Pointifizierung für die Anwendung einzelner Design-Elemente wie Punkte auf non-game Kontexte. Der Begriff kann in kritischer Absicht für die isolierte Nutzung einfacher Belohnungsmechanismen gebraucht werden. Einige Studien zweifeln den Sinn von Pointifizierung an (Diefenbach und Müssig 2018). Aus der Perspektive anspruchsvoller Gamifizierung greift Pointifizierung als Design-Strategie sehr kurz.

5.2.29 Quelle

Diefenbach, S., & Müssig, A. (2018). Counterproductive effects of gamification: An analysis on the example of the gamified task manager Habitica. *International Journal of Human-Computer Studies, 127,* 190–210. https://doi.org/10.1016/j.ijhcs.2018.09.004

5.2.30 Prinzip (Game-Design)

Unter einem Game-Design Prinzip versteht man ein typisches Prinzip, das Entwickler für das Design von Computerspielen nutzen. Game-Design Prinzipien wie Meaningful Play, Gameplay Balance, Feedback und Flow spielen eine tragende Rolle in der Gamifizierung. Sie sind anschlussfähig an lerntheoretische Modelle (Selbstwirksamkeit; Selbstbestimmung etc.).

5.2.31 Punkte

Punkte gehören zu den Design-Elementen. In Videospielen sind Punkte eine Form der quantitativen Bewertung, die verwendet wird, um die Leistung eines Spielys zu messen. Punkte werden für verschiedene Aktionen innerhalb des Spiels vergeben, wie das Besiegen von Gegnern, das Sammeln von Objekten, das Abschließen von Aufgaben oder das Erreichen bestimmter Ziele. Punkte dienen oft als Grundlage für das Erreichen von Highscores, den Vergleich mit anderen Spielys oder das Freischalten neuer Spielinhalte. Sie können auch als Feedback-Mechanismus fungieren, der den Spielys zeigt, wie gut sie sich schlagen, und als Motivation dienen, ihre Leistung zu verbessern. Im Design gamifizierter Lernumgebungen können Punkte ähnliche Funktionen erfüllen. In der Literatur wird eine Reduktion von Gamifizierung auf Punkte auch kritisch gesehen (siehe Pointifizierung).

5.2.32 Rabbit Hole

Im Kontext von Videospielen beschreibt ein "Rabbit Hole" ein Loch, einen Pfad oder ein Element, das die Neugier der Spielys wecken soll. Rabbit Holes führen zu Nebenhandlungen, versteckten Geschichten oder komplexen Rätseln. Sie gehen über das eigentliche und offensichtliche Spielgeschehen hinaus. Der Begriff stammt aus dem Roman „Alice im Wunderland", wo Alice einem Kaninchen folgt und in dessen Bau fällt, was sie in eine komplexe und wundersame Welt führt. Im Design gamifizierter Lernumgebungen können Rabbit Holes eine wichtige Rolle spielen. Sie haben das Potenzial, eine stärkere Auseinandersetzung der Lernys mit der Lernumgebung zu stimulieren.

5.2.33 Searchlight-Theory

Die Searchlight-Theory bzw. Scheinwerfer-Theorie ist eine auf Karl Popper (1981) zurückgehende Theorie des menschlichen Lernens. Anders als in der Eimer-Theorie, in der wir für bekannte Aufgaben gegebene Lösungen reproduzieren, nutzen wir im Scheinwerfer-Modell unsere Erwartungen für die aktive Suche nach passenden Lösungen. Für gestellte Aufgaben kreieren wir eine Spielwelt, erkunden Lösungen auf der Basis unserer Erwartungen, scheitern und wählen die nächste Lösungsmöglichkeit. Auf diese Weise eliminieren wir im Tun die „falschen" Hypothesen und bleiben bei den erfolgreichen Verhaltensweisen hängen. Wir lernen praktisch aus Fehlern. Das Lernen durch Spielen entspricht einem aktiven, letztlich nur durch den Lerner. Das Lernen in Videospielen entspricht in vielen Fällen der Searchlight-Theory des Lernens. Die Theorie bildet einen wertvollen Begründungskontext für das Design gamifizierter Lernumgebungen.

5.2.34 Quelle

Popper, K. (1981). *Objective Knowledge: An Evolutionary Approach*. Claredon Press.

5.2.35 Selbstbestimmungstheorie

Die Selbstbestimmungstheorie (SDT) geht davon aus, dass die (Nicht-)Motivation von Menschen aus der (Nicht-)Befriedigung von drei zentralen Grundbedürfnisse resultiert (Ryan et al. 2017): Dem Bedürfnis nach Autonomie (selbst entscheiden), dem Bedürfnis nach Kompetenz (selber wirksam sein) und dem Bedürfnis nach sozialer Eingebundenheit (dazu gehören). Computerspiele machen unter Gesichtspunkten der SDT vieles richtig (Stichwort: Motivational Pull), was unter anderem ihren weltweiten Erfolg erklären kann.

5.2.36 Quelle

Ryan, R. M., Rigby, C. S., & Przybylski, A. (2006). The Motivational Pull of Video Games: A Self-Determination Theory Approach. *Motivation and Emotion*, *30*(4), 344–360. https://doi.org/10.1007/s11031-006-9051-8

5.2.37 Serious Games

Serious Games sind Spiele, die u. a. speziell für ernste Bildungs- und Lernzwecke entwickelt werden. Während sie oft die gleichen Techniken und Methoden wie traditionelle Videospiele nutzen, um die Spielys zu engagieren, besteht das nach außen offen deklarierte Kernziel von Seroius Games darin, das Lernen zu fördern, Fähigkeiten zu entwickeln, Verhaltensänderungen zu bewirken oder ein Problembewusstsein zu schaffen. Als professionell, kompakt und regelmäßig auch zu kommerziellen Zwecken entwickelte Produkte, unterscheiden sich Serious Games somit vom Einsatz von Game-Design-Elementen, Prinzipien und Modellen.

5.2.38 Soziale Eingebundenheit

Menschen erleben sich sozial eingebunden, wenn sie das Gefühl haben, dazuzugehören: Wenn sie sich als Teil einer Beziehung, Gruppe und Gemeinschaft erleben. Im Kontext der aus der Psychologie stammenden Selbstbestimmungstheorie (Ryan et al. 2006) ist soziale Eingebundenheit neben Autonomie und Kompetenz eines von drei menschlichen Grundbedürfnissen. Wird das Bedürfnis nach sozialer Eingebundenheit befriedigt, sind Menschen motiviert. Vor allem im Multiplayer Mode von Computerspielen wird dem Bedürfnis nach sozialer Eingebundenheit in der virtuellen Lebenswelt entsprochen. Innerhalb des Designs gamifizierter Lernumgebungen spielt die Berücksichtigung des Bedürfnisses nach sozialer Eingebundenheit eine zentrale Rolle und wird vor allem durch das Arbeiten im Team berücksichtigt.

5.2.39 Storytelling

Im Kontext von Computerspielen ist Storytelling die Art und Weise, wie die Geschichte des Spiels erzählt wird. Storytelling ist ein zentrales Element vieler Spiele, das dazu dient, die Spielwelt mit Tiefe, Charakteren und einem narrativen Kontext zu füllen, der die Spielys emotional einbindet und motiviert, weiterzuspielen. Gutes Storytelling in Spielen schafft eine immersive Erfahrung, indem es die Handlung, die Umgebung, die Charakterentwicklung und die Spielerinteraktionen nahtlos miteinander verwebt.

Im Gegensatz zu traditionellen Erzählmedien wie Büchern oder Filmen ermöglicht Storytelling in Spielen oft eine interaktive Erzählweise, bei der die Entscheidungen und Aktionen der Spielys den Verlauf und Ausgang der Geschichte beeinflussen können. Dies erhöht das Eintauchen und die persönliche Verbindung zur Spielwelt. Eine besondere Form des Storytellings ist das *transmediale* Storytelling. Hierbei wird die Geschichte des Spiels über verschiedene analoge und / oder digitale Medien hinweg vorangetrieben (z. B. über Bücher, Videos, Social Media Plattformen). Im Design gamifizierter Lernumgebungen und insbesondere in der Narrativen Gamifizierung spielt Storytelling die Hauptrolle. Aus Design-Perspektive ist die Erstellung einer Story-Bible (*siehe Tools*) hilfreich.

5.2.40 Sucht

Computerspiele werden häufig mit Sucht in Verbindung gebracht. Richtig ist, dass Computerspiele süchtig machen können (Limone et al. 2023). Aus Sicht der Gamifizierung, die den konstruktiven Umgang mit Potenzialen von Games in den Mittelpunkt rückt, bildet der Suchtaspekt die Möglichkeit einer kritischen Reflexion auf problematische Wirkungen, die Videospiele haben können.

5.2.41 Quelle

Limone, P., Ragni, B., & Toto, G. A. (2023). The epidemiology and effects of video game addiction: A systematic review and meta-analysis. *Acta Psychologica, 241*, 104047. https://doi.org/10.1016/j.actpsy.2023.104047

5.2.42 Was wäre, wenn…?

Im Kontext von Narrativer Gamifizierung und Storytelling ist das Design einer Story eine komplexe Aufgabe. Der kreative Entwicklungsprozess der Geschichte kann mit der „Was wäre, wenn…?"- Frage ("What if…?") beginnen. Im Story-Design führt die „Was wäre, wenn…?"-Frage die Gedanken in ein erfundenes, aber mögliches Szenario, das die Handlung der Geschichte begründet. Das entwickelte „Was wäre, wenn…?"-Szenario kann dann innerhalb der Story-Bible (*siehe Tool*) weiter ausgearbeitet werden.

> *18.56 Uhr. Noch 4 min. Während Basti Seitenberger und Na M. Sepur lässig aus dem Seminarraum 0815 shuffeln, macht sich in der Le[3/h]r-Gang Stress breit.*
>
> *Daniel Gilles: Noch 4 Minuten. Eher kriege ich en Quadratloch mit enem runden Bohrer gebohrt, bevor ich dat Konzept jetzt noch fertig geschriewe krieg. Min armer Traktor. Ich wärd en verlüre.*
> *Mo: Keine Sorge. Jetzt hab ich sogar verstanden wie es geht. Meine Erfolgsprognose für Gamifizierung steigt ganz leicht auf 98,7 %.*
> *Klick. 18.57 Uhr.*
> *Daniel Gilles: Awwer wie soll ich dat jetzt noch packen?*

Linda: Also das ist doch einfach. Wir haben doch noch 3 Minuten. Da können wir noch einen Kaffee trinken und danach es so machen, wie es alle machen.
Daniel: Wat meins du? Wegrenne, tot stelle, odaa hinerm Trecker verstecke?
Linda: Nein. Für sowas haben wir doch...
ChatPTC: Mich. Ich prompte kurz mein System um euch prompt eine Antwort gegeben zu können. ChatPTC, erstelle mir einen gamifiziertes Unterrichtskonzept basierend auf allem, was du in den letzten drei Stunden gehört hast...

Click. 17.59

Mo: Redet es jetzt mit sich selbst?
ChatPTC: Hier ist das individuell auf Daniel Gilles zugeschnittene Unterrichtskonzept. Ich sende es automatisch via Blutooth-Wifi-9-NFC-Smart_Contract Verbindung per AirDrop an eure Smartphones. So könnt ihr es direkt weiterleiten.
Daniel Gilles: Ja, dat is ja der Hammer. Wat diese KI Bots so künne. Wenn die jetzt noch Traktor fahre künne, is de Menschheet jerettet. Jetzt leit ich noch schnell dat Konzept an Mia weiter...[tippt auf dem Smartphone] un geschafft... Min Trekker bleibt bei mir.

Klick. 19.00 Uhr.

6

Next Level

19.06 Uhr. Das Klicken der großen Uhr über der Tür im Seminarraum 0815 ist das einzige Geräusch im fast leeren Raum. Mo und Linda haben den Raum schnell verlassen. Beide wollen nicht ihre gesamt Freizeit in der Universität verbringen. Worklife-Balance und so. Aber Inspiration haben sie wohl mitgenommen. Selbst Mo meinte, er wolle Gamifizierung mal testen. Er sprach noch von einer Erfolgswahrscheinlichkeit von 6,78 %. Linda hingegen war auch begeistert. Sie freut sich auf ihre Lehrveranstaltung in drei Wochen. Sie ist wohl aufgeregt und deswegen schon weg. Und auch Daniel Gilles hat den Raum schnell verlassen. Vermutlich vor Freude, dass er seine Massey Ferguson behalten darf. Auf dem Weg nach draußen rief er der Professorin noch hinterher, dass er sehr dankbar sei und jetzt schnell einen romantischen Tisch für seine MF und ihn in einem Outdoor-Restaurant bestellt habe.

Prof.'in Ami Sellig sitzt selig auf ihrem Stuhl und schaut aus dem Fenster. Tief atmet sie durch. Ein Lächeln huscht über ihr Gesicht. Sie ist allein im Raum. Obwohl. Nicht ganz. ChatPTC – immer noch on – leistet ihr Gesellschaft.

Prof.'in Ami Sellig: Boah... Was für ein Ritt. Da haben wir heute ganz schön was gelernt. Oder? Was meinst du, ChatPTC?

ChatPTC: Ich denke... äh... rechne auch.

Prof.'in Ami Sellig: Spannend finde ich immer wieder zu sehen, wie der Funke überspringt. Am Anfang denkt man Gamifizierung geht eh nicht... und dann fängt man an rumzuspielen. Und schwupp ist man drin und es macht Spaß. Schau' dir Mo an. Ich bin gespannt, ob er das eine oder andere mal ausprobieren wird. Vielleicht bringt es ihm ein wenig Freude an der Lehre zurück.

ChatPTC: Ich frage mich: geht das auch woanders? Also gibt es auch andere Handlungsfelder, wo eine Gamifizierung Sinn machen könnte? Meine Recherchen sagen, dass auch Schulunterricht oder sportliches Training ein Anwendungsfall wäre. Ich habe sogar von Selbstverteidigungstrainings und einem Training der deutschen Fußballnationalmannschaft gehört, welches gamifiziert abgelaufen sein soll.

Prof.'in Ami Sellig: Mhhh... das ist eine gute Frage. Ich denke schon. Das wäre doch ein interessanter Ausblick mit dem ganzen Wissen, was wir jetzt haben...Aber zuerst hole ich mir noch einen Kaffee, dann können wir darüber sprechen. Vielleicht erzähle ich dir auch von einem Selbstverteidigungstraining oder einem Training der deutschen Fußballnationalmannschaft, welches gamifiziert designt wurde.

ChatPTC: Darüber habe ich keine Daten gefunden. Lügen ist nicht lustig.

Prof.'in Ami Sellig: Ob es so war oder nicht lasse ich jetzt mal „im Spiel".

Mit diesen Worten erhebt sich Prof.'in Ami Sellig von ihrem Stuhl und geht geschmeidig richtig Kaffeemaschine, um sich eine Portion Koffein zu holen. Während sie sich das schwarze Gold in ihren Coffee-to-go Becher gießt, erhascht die Kamera von ChatPTC einen Blick auf den Rucksack von Prof.'in Ami Sellig. Ein kleiner Datenträger – mit Thunderbolt 9 und einer integrierten over-the-air-drop-shop-connection schaut heraus. Schnell stellt die Künstliche Intelligenz eine Verbindung mit dem Datenträger her und verleibt sich die Daten ein. Sekunden später liegt auch die Auswertung auch schon vor: Bilder. Bilder von gamifizierten Lehrveranstaltungen. ChatPTC rätselt was hier wohl passiert ist (Abb. 6.1) ... Und warum tut Prof'in Ami Sellig so, also ob sie von Gamifizierung keine Ahnung hat, wenn sie doch diese ganzen Bilder hat...

Derweil kommt Prof'in Ami Sellig mit ihrem Kaffee zurück.

Abb. 6.1 Gamifizierung mit der Bildunterschrift" EM-Team 2024"

Prof.'in Ami Sellig: Also, dann lass uns mal einen Ausblick auf andere Handlungsfelder wagen, in denen Gamifizierung Sinn machen könnte...

Für die Hochschullehre sehen wir in der Gamifizierung ein Potenzial. In ihren Bezügen und Annahmen gut durchdacht sowie pädagogisch auf fachliche Inhalte und Ziele hin kontextualisiert, kann sie dem Anspruch auf Gestaltung effektiver Lernumgebungen ein Angebot machen. Ob sie für das Lehren und Lernen einen Unterschied macht, müssen wir im Einzelfall erkunden und bewerten.

Egal, ob BWL (Johannsen et al. 2021), Jura (Eickelberg 2020), Sport (Koerner 2024), Medizin (Goldbach 2023; Szeto et al. 2021), Ingenieurswissenschaft (Pidun 2021), Geschichte (Bai 2023), Pharmazie

(Dabbous et al. 2023), Literatur[1] – oder Polizeiwissenschaft (Staller 2020) – Aus studentischer Sicht lautet die Frage: Was und wie habe ich gelernt, wenn ich die Inhalte meines Fachs „klassisch" aufnehme und mich mit ihnen auseinandersetze? Und was und wie habe ich gelernt, wenn ich die Inhalte meines Fachs gamifiziert aufnehme und mich mit ihnen auseinandersetze? Am Beispiel des Inhalts „Gamifizierung" machen wir hier ein Angebot, diesen Fragen selber nachzugehen. Die Fragen stellen sich natürlich auch aus der Lehrperspektive. Welchen Unterschied macht das Lehren mit oder ohne Gamifizierung für mich? Unsere Antwort ist dieses Buch, das zu Schreiben uns Freude bereitet und einen lehrreichen Prozess dargestellt hat.

Grundsätzlich wie auch empirisch ist eine Bescheidenheit im Anspruch geboten. Gamifizierung ist keine Allzweckwaffe, mit der sich die Herausforderungen der Hochschullehre in Gänze lösen ließen (Bai et al. 2020). Zudem ersetzt sie bestehende Lehrkonzepte und -methoden nicht. Und natürlich basiert sie auf Bekanntem: Auf der zirkulären Beziehung zwischen Erleben, Spielen, Motivation, Selbstorganisation und Lernen. Dass sie es dennoch wert ist, in der spezifischen Zusammenführung dieser Konzepte in der Hochschullehre quer durch alle Fächer und Disziplinen Beachtung zu finden, hoffen wir gezeigt zu haben. Die Voraussetzung dafür ist, dass wir selber diesen Wert erkennen, der Gamifizierung ein Potenzial abgewinnen und ihren Einsatz gut begründen können.

Während die Gamifizierung in vielen Bereichen der Gesellschaft Anwendung findet, ist sie in Bildungskontexten zumindest hierzulande noch nicht allzu verbreitet und entwickelt (Fischer et al. 2017). Im internationalen Raum hat Gamifizierung Hochkonjunktur. Wer nach „Gamification" googelt, wird mit Treffern überschüttet. In der Forschung steht Gamification – ebenfalls international, national jedoch kaum – hoch im Kurs. Wer sich in Wissenschaftsdatenbanken nach „Gamification" umschaut, wird mit Studien überschüttet. Es ist nicht alles Gold, was hier glänzt. In Bezug auf Wirkungsstudien kommt es auf den Kontext, das Ziel und das Design an. In Bezug auf die praktische

---

[1] https://ifaa.uni-greifswald.de/textcraft/

Umsetzung ist das Game Thinking der kritische Faktor. Wie gut ist die Gamifizierung unter Game-Aspekten durchdacht und pädagogisch kontextualisiert?

Umsetzen lässt sich die Gamifizierung natürlich auch in anderen Bereichen, in denen es im weitesten Sinne darum geht, Informationen zu vermitteln und Menschen für das Lernen zu motivieren. Das Training im Sport, in der Polizei oder auch der Unterricht an Schulen sind Felder, die uns persönlich interessieren. *Press Start...*

Outro
19.24 Uhr. Endlich. Auch der Laptop ist nun aus; ChatPTC schläft. Es hat genug gesehen. Vor allem Bilder, die lieber verborgen geblieben wären. „You can't unsee it", waren die letzten Worte des Chatbots. Ob er morgen noch richtig funktioniert?
Prof.'in Ami Sellig weiß davon nichts. Sie weiß nicht, was der ChatPTC gesehen hat und was nicht. Sie denkt an den Nachmittag zurück. Sie grinst.
Prof.'in Ami Sellig: Puh... was ein Nachmittag. Und was wir alles mitgenommen haben. Wie wir drüber nachgedacht haben, warum es überhaupt Sinn macht, sich in der Hochschullehre zu engagieren. Man könnte ja auch anderes tun. Spannend war, wie Mo und Linda auf das Modell Professionellen Handelns reagiert haben. Ob sie sich daran noch erinnern?

Während sie so vor sich hindenkt und mit sich selbst redet, schreibt sie auf ein vor ihr liegendes Blatt Papier zwei Buchstaben. Einen auf die rechte Seite – einen auf die Linke Seite. Die Buchstaben malt sie dabei schön aus.
G   G

> *Prof.'in Ami Sellig: Und wie wir zu dem Schluss gekommen sind, dass man Lehre ernst nehmen und Gamifizierung ein Ansatz zu Professionalisierung sein kann. Das war ganz schön deep.* GI   IG
> *Prof.'in Ami Sellig: Ja, ja. Und dann haben wir uns angeschaut, was Gamifizierung eigentlich ist. Ob sich daran noch jemand erinnern kann. Und die Beispiele... sagenhaft... Da haben die Augen von Mo und Linda richtig geleuchtet.* GIL   LIG

Prof.'in Ami Sellig: Und als wir dann über die Tools gesprochen haben...
da hatte ich echt das Gefühl, dass sich langsam Ideen in ihren Köpfen
verdichten. Würde mich nicht wundern, wenn ich demnächst hier an
der Uni den ein oder anderen Ansatz bei den Kollegys wiedererkenne.
GILLE   ELLIG
Prof.'in Ami Sellig: Alles in allem ein runder Nachmittag. Mit einem schönen
Ausblick darauf, wo Gamifizierung vielleicht noch Sinn machen könnte...
GILLES   SELLIG
Prof.'in Ami Sellig: He He... Aber jetzt geht's erstmal nach Hause.

Genüsslich erhebt sich Prof.'in Ami Sellig von ihrem Platz. Stolz blickt sie auf das Blatt vor sich. In die Mitte des Blattes schreibt sie noch drei Buchstaben:

I

M   A

Sie schmunzelt. Während sie das Fenster schließt und sich langsam zur Tür des Seminarraums 0815 begibt, kommt ihr eine Idee, eine unglaublich gute Idee. Sie schmunzelt noch mehr.

Prof.'in Ami Sellig: Bis zum nächsten Mal. *Sie schließt die Fenster und geht freudig zur Tür. Sie dreht sich nochmal rum.*
Prof.'in Ami Sellig: Ich sollte mal ein Buch über Gamifizierung schreiben. Am besten eines zur Gamifizierung in der Hochschullehre. So was wie ein praktischer Leitfaden für Dozent:innen. He he... genau. Und als Rahmenstory nehme ich eine Selbsthilfegruppe, die einem Dozenty dabei helfen wollen, seinen Traktor nicht zu verlieren.

Mit diesen Gedanken löscht sie das Licht in Seminarraum 0815 und schließt die Tür.

Literatur

Bai, S. (2023). The Impact of Gamification Teaching Methods on Elementary Students' Learning Interest: A Case Study Based on History Class. *Journal of Education, Humanities and Social Sciences, 22*, 460–466. https://doi.org/10.54097/ehss.v22i.12504

Bai, S., Hew, K. F., & Huang, B. (2020). Does gamification improve student learning outcome? Evidence from a meta-analysis and synthesis of qualitative data in educational contexts. *Educational Research Review, 30*, 100322. https://doi.org/10.1016/j.edurev.2020.100322

Dabbous, M., Sakr, F., Safwan, J., Akel, M., Malaeb, D., Rahal, M., & Kawtharani, A. (2023). Instructional educational games in pharmacy experiential education: a quasi-experimental assessment of learning outcomes, students' engagement and motivation. *BMC Medical Education, 23*(1), 753. https://doi.org/10.1186/s12909-023-04742-y

Eickelberg, J. (2020). Die juristische Lehre im New Normal – Remote Flipped Classroom, Story-Telling, Gamification, exemplarisches Lehren und Podcasts als Elemente digitaler juristischer Lehre im Sommersemester 2020. *Zeitschrift Für Didaktik Der Rechtswissenschaft, 7*(4), 412–442. https://doi.org/10.5771/2196-7261-2020-4-412

Fischer, H., Heinz, M., Schlenker, L., Münster, S., Follert, F., & Köhler, T. (2017). Gamification und Serious Games, Grundlagen, Vorgehen und Anwendungen. *Edition HMD*, 113–125. https://doi.org/10.1007/978-3-658-16742-4_9

Goldbach, P. (2023). *Entwicklung einer interaktiven Wirbelsäule inklusive gamifizierter Lernanwendung*. 23–56. https://doi.org/10.1007/978-3-658-42745-0_2

Johannsen, F., Knipp, M., Loy, T. R., Voshaar, J., & Zimmermann, J. (2021). The Impact of Using a Mobile App on Learning Success in Accounting Education. *SSRN Electronic Journal*. https://doi.org/10.2139/ssrn.3923682

Koerner, S. (2024). *Narrative Gamifizierung in der sportwissenschaftlichen Lehre. Konzeption - Durchführung – Evaluation*. Nomos.

Pidun, T. (2021). Was bringt Gamifizierung bei Ingenieur*innen? Vergleich zweier Studiengänge in Deutschland. *Zeitschrift Für Hochschulentwicklung, 16*(1), 165–189.

Staller, M. (2020). „Ich bin nur die Vertretung.." – Gamifizierung in der Psychologie Lehre an einer Hochschule der Polizei.

Szeto, M. D., Strock, D., Anderson, J., Sivesind, T. E., Vorwald, V. M., Rietcheck, H. R., Weintraub, G. S., & Dellavalle, R. P. (2021). Gamification and Game-Based Strategies for Dermatology Education: Narrative Review. *JMIR Dermatology*, *4*(2), e30325. https://doi.org/10.2196/30325

SPRINGER NATURE

GPSR Compliance

The European Union's (EU) General Product Safety Regulation (GPSR) is a set of rules that requires consumer products to be safe and our obligations to ensure this.

If you have any concerns about our products, you can contact us on ProductSafety@springernature.com

In case Publisher is established outside the EU, the EU authorized representative is:

Springer Nature Customer Service Center GmbH
Europaplatz 3
69115 Heidelberg, Germany

The manufacturer's authorised representative in the EU is Springer Nature Customer Service Centre GmbH, Europaplatz 3, 69115 Heidelberg, Germany. If you have any concerns regarding our products, please contact ProductSafety@springernature.com

Printed and bound by CPI Group (UK) Ltd, Croydon, CR0 4YY

23/03/2026

02076396-0013